扛责任，拿结果，带着答案来找我

齐磊 著

图书在版编目（CIP）数据

扛责任，拿结果，带着答案来找我 / 齐磊著 . —北京：北京联合出版公司，2021.6
 ISBN 978-7-5596-5228-7

Ⅰ.①扛… Ⅱ.①齐… Ⅲ.①企业管理—通俗读物 Ⅳ.①F272-49

中国版本图书馆CIP数据核字（2021）第 066431 号

扛责任，拿结果，带着答案来找我

作　　者：齐磊
出 品 人：赵红仕
选题策划：北京时代光华图书有限公司
责任编辑：牛炜征
特约编辑：刘一冰
封面设计：夏海波

北京联合出版公司出版
（北京市西城区德外大街83号楼9层　100088）
北京彩睟彩色印刷有限公司　新华书店经销
字数157千字　　880毫米×1230毫米　1/32　7.25印张
2021年6月第1版　2021年6月第1次印刷
ISBN 978-7-5596-5228-7
定价：58.00元

版权所有，侵权必究
未经许可，不得以任何方式复制或抄袭本书部分或全部内容
本书若有质量问题，请与本社图书销售中心联系调换。电话：010-82894445

目 录

前 言

 先做你该做的，才能做你想做的

做你该做的，得你应得的 /003
企业不是家，你得职业化 /013
在企业里，你得到的不仅仅是工资 /020
你是成年人，不是巨婴 /025
领导有领导的事，请扛起你的责任 /035

 你不愿承担，谁都帮不了你

多照镜子看自己，少戴眼镜看别人 /043
让问题终止吧，别再踢皮球了 /048
工作没困难要你来干啥 /054
你的承诺很值钱 /058

别再靠嘴说，我们要的是结果

别说很辛苦，我们要的是结果　/067
五星结果标准，请看你的结果值多少钱　/074
请给我选择题，别给我问答题　/078
你的月结果就是你的工资单　/084
别只求完美，先做好最基本的再说　/089

 要让领导赏识，就要这样做

接受指令，这样做领导就放心　/095
不懂反馈，领导很累　/102
这样做汇报，领导一定笑　/106
我要的是建议，不是意见　/111
进入执行阶段，请坚决服从　/115

 和同事相处，换个思路更高效

你的感觉不重要，客户的评价才重要　/123
领导、同事其实都是你的客户　/129
为客户做事，你才会平安无事　/137
为他人考虑，就是为自己得益　/141

目 录

 别偷时间——你的工作时间属于企业

你的工作时间很有限，请别再悠闲　/151
别乱放，整理好你的办公桌　/157
注意！11：59还属于上班时间　/164
别再拖延，再拖就来不及了　/171
抱好你的西瓜，别管芝麻　/176
让你的计划大于变化　/183

 沟通没你想的那么简单

沟通不仅仅是说话　/191
感觉和结果你要哪一个　/200
请先思考，再开口　/206
跟谁说很重要　/212
主动沟通是你成长的阶梯　/216

附　录　齐老师精典语录　　/221

前言

寻人启示

我叫未来,人海茫茫,我在寻找,寻找攀登者、奋进者、创新者。

新纪元,新时代。我的许诺始终不渝:请按照本书文字的指引,不断奋进,臻于完善!

这是一本职业发展路径书,可以帮助你:迅速明确工作方向,找到工作重点;灵活应对领导安排的各种工作;做事让领导放心、同事暖心、自己开心;提升工作效率和个人职业素养。恭喜得到本书的人,你是"勤奋之神"的选民,请输入如下密码:520,开启职场新篇章!

哈哈,以上是本书的**"自我介绍"**。

笔者总结了十多年给企业授课和咨询经验,发现在很多企业中存在着极大的内耗却都在外求。我认为,现如今企业和企业的竞争,已经不再是外在的产品差异化和模式个性化的竞争,更多的是企业内部人才的竞争,也就是说一家企业的员工水平代表了整个企业的水平，因为和客户直接接触的是员工，产品也是员工直接生产出来的。所以，员工"职业化"才是企业应该追求的目标。而职业化的目标，就是提升员工的水平，让员工有更高的工作效率，让员工取得自己在这个岗位上应该做出的工作成果，从而大大减少企业的沟通成本、管理成本，让整个企业的管理水平上一个台阶。管理者要做的就是让员工能够找准职业定位，同时让员工能够愿意做、喜欢做、有方法做，更进一步的是，做到让工作超值到位：让领导感动，让同事暖心；同时还能够发现领导的不足，主动补位。我相信，这样的人才，是每家企业都迫切需要的。

但遗憾的是，目前很多企业中存在着团队职业化水平不高的问题，错失了很多商业机会，降低了企业品牌效应，影响了客户的忠诚度，增加了企业的运营成本和沟通成本，导致领导很痛苦，员工很"佛系"。那么，如何来解决这些问题？

我想，可以从以下几个方面来**解决问题**。

1．职业定位。我是谁？和企业是什么关系？最基本的职位底线是什么？如何在该做、想做、能做三者之间协调驾驭。

2．职业心态。为什么总是抱怨？为什么总在推诿？为什么总是依赖？如何在职场中独立成长、勇于承担。

3．结果导向。为什么做得很辛苦却无结果？为什么自以为很努力领导却不满意？为什么一天下班后却感觉一无所获？如何以终为始，果因思维，输出结果。

4．主动反馈。是否还在等着领导催结果？是否还在汇报工作却不知所云？是否还在把问题扔给领导？如何找准时机给领导满意答案。

5．时间掌控。有没有感觉手忙脚乱？有没有感觉时间总是不够用？有没有感觉做了很多事却没价值？如何抓住重点，找对关键密码。

6．和谐沟通。为什么沟而不通？为什么沟通渠道、工具越多，反而沟通效果越差？为什么说了很多做了很多，效果却不尽如人意？如何把话说到对方心里去？

本书将围绕以上内容为大家重点阐述。同时，阅读本书有以下五个注意事项，望悉数采纳。

本书禁忌——

1．本书需要床下看。本书不催眠，建议不要在晚上当作枕边书看，因为越看越兴奋，或许会失眠。

2．本书需要带笔看。书中有工具，需要结合工作，转化练习，形成可操作的行动措施。

3．本书需要组团看。最好在公司内和同事共同探讨，相互交流，取长补短，实现效能最大化、行为统一化。

4．本书需要长期看。本书介绍的工具方法，可以逐步使用，每周一工具、每月一章节，让它陪伴你的职业生涯。

5．本书需要思考看。边看边思考，按照本书每节内容的要求，梳理行动措施，并转化应用。

接下来，让我们一起踏上卓越之旅。

传统的企业竞争是经营的竞争，比如说有好的产品、好的商业模式、好的客户、好的区域等等。但是，这种竞争形式也导致了产品和服务的同质化越来越严重。

未来企业的竞争，势必会进入另一种状态，即由传统的经营竞争向管理竞争转变，而且这种趋势会越来越明显。也就是说，管理在未来将成为企业的核心竞争力，而管理靠的是企业内部的协作与配合、上下级之间的沟通，在这个过程中，职业化将成为企业发展最重要的一个要素。

那么，衡量一家企业优秀与否，重点要看什么呢？是看总经理多么优秀，还是看中层多么强大？都不是，而是要看一线员工的素质。如同之前笔者讲过的，客户直接接触的是一线员工，企业的产品或者服务，最终的输出也是靠一线员工，企业对外呈现的往往也是一线员工的表现。所以，一家企业一线员工的水平，就代表了这家企业的水平。高素质且职业化的员工，将成为企业持续发展的根基，成为企业效率和盈利的根本保证。

企业想赚钱，离不开每一个赚钱的部门，而每一个赚钱的部门，其根本细胞则是能赚钱的员工。每个员工都盈利，每个班组就能盈利；每个班组都盈利，每个部门就能盈利；每个部门都盈利，整个公司就能盈利。拥有盈利型员工是企业盈利的根本，而盈利的原点在于职业化。

因为职业化才能让领导放心；

因为职业化才能让同事暖心；

因为职业化才能让客户安心；

……

职业化就是心态端正、靠谱、高效。

职业化的员工将成为未来企业最核心的竞争力，决定了企业能否做大做强、能否持续发展。本书将站在企业未来发展的角度，站在未来核心竞争力塑造的角度，以员工职业化为主要方向和突破口，找到企业发展的根本，为企业持续发展提供更高效、更长久的力量。

01

先做你该做的，才能做你想做的

01 先做你该做的，才能做你想做的

做你该做的，得你应得的

每个人在职场中都有自己的岗位职责，**各司其职，是企业工作正常运作的保障。**

因为工作关系，我到很多企业去做过培训和咨询，发现多数企业有一种通病，就是常呈现出这样的景象——猛一看"一片繁荣"，再一看"收效寥寥"！企业办公室里有在发传真的，有在发资料的，有在发快递的，有在开会的，有在组织培训的，有在组织活动的——所有人都在忙，但到财务部一看，利润可怜。

为什么看上去人人忙碌，却没有换来绩效的"繁荣"，甚至不进反退，毫无业绩提升呢？究其原因，是因为多数人只关注忙碌的过程，而忽略了忙碌的结果。**忙而无果，就会造成企业的精神麻痹。**

▷ **职场中的三个圈**

我们在职场中应该明确哪些是该做的，哪些是不该做的。之所以会出现忙而无果的情况，就是因为每个人没有关注自己的重点工作，导致个人在职场中的努力方向出现偏差。正所谓"方向不对，努力白费"。

企业想要实现真正的高效运作，前提就是各司其职。每个人都有自己的岗位职责，在入职之初就需要去了解：企业领导

提出的要求是什么？对这个岗位有什么期望？这些是任何一个人在职场存在的前提。所以，做你该做的，就能得到你该得的；把你该做的做到极致，就能得到你想要的结果。

在职场中，每个人都会面临以下三种类型的工作。

该做的。第一种类型的工作是岗位职责要求的工作，被称为该做的工作。当然，除了岗位职责要求的工作以外，领导安排的或是其他部门同事需要协助的，以及自己职业发展所需要的，也属于该做的。这是此岗位的及格线。

想做的。第二类工作就是你想做的工作。该做的工作有很多种，想做的工作也有很多种，但是该做的工作和想做的工作如果不一致，会有什么感受呢？试想一下，你目前的岗位是销售，但你对后勤比较感兴趣；或者你的工作是财务，却对业务比较感兴趣；等等。也就是说，你该做的工作是基于你的岗位职责，基于你的位置；而想做的工作是基于你的兴趣和爱好，基于你个人的核心价值观。

能做的。第三类工作和你的能力相关，叫能做的工作。能做的工作、该做的工作和想做的工作如果重叠，或者交集比较大，那么在这个交集范围之内，你的工作结果应该是比较如意的。这时，领导要求你做的恰恰是你自己最想做且有能力做的，是很幸福的一种状态。

我们可以将这种令人感到幸福和愉悦的交集区称为甜蜜区。如果要想扩大这一区域的范围，增加"想做的"比较容易达到目的。因为短时间内岗位基本不会变动，而能力的提升需要持续而系统地去学习和积累。增加"想做的"，就是改变心态。有句话说得好："心态一变，天地就宽。"

01 先做你该做的,才能做你想做的

要想做到上述这一点,你可以使用工作分类工具表来梳理工作重点(如表1-1所示)。

表1-1 工作分类工具表

该做的	想做的	能做的
1.	1.	1.
2.	2.	2.
3.	3.	3.
4.	4.	4.

▷ 完美的工作是这样的

世界上有没有完美的工作呢?

这个问题,我问过很多人,他们的回答大多是"没有"。谁都希望上班没事做工资却很高,同事和和气气又好相处,天天特别开心,通勤走路只有两分钟。但这样的工作根本不存在。

然而我认为,通过自身努力找到的工作,也就是**此时此刻你所从事的工作,就是最完美的工作**,每个人每天其实都在做当下最完美的工作。此时此刻,你所做的最重要的事,就是把当下的工作做好并且喜欢上它。很多人一直在求职,找来找去都在找自己特别喜欢的工作,他们认为"爱一行,才能干一行"。但是如果真的找到自己特别喜欢的工作,那么一定会全力以赴、精益求精去做吗?如果达不到这个程度,也就说明这份工作你并不是发自内心地喜欢,那你的那份热爱也不能称之为真爱,只能是假爱,是在这个环境、这个背景之下,你产生的

一种错觉。所以，**不是爱一行干一行，而是干一行爱一行。**

想要真正找到自己所爱的工作，需要一个过程，也就是做好自己该做的工作。换句话说，我们先去做，在做的过程中逐渐发现乐趣。

优秀的人都经过了持续不断的努力。比如，足球运动员虽然薪水很高，但常年的训练和比赛，也让他们经历着常人难以想象的伤痛。我曾见过一位球员，他的左脚只剩两个指甲，右脚的指甲也已经没有一个完整的了。即便如此，他依然刻苦地训练，非常投入地参加比赛，毫无怨言。这说明踢球虽然非常辛苦，但他在这个过程中发现了乐趣，也收获了很多成就感，踢球让他感觉很幸福。

很多人在工作的过程中之所以没有发现乐趣、缺乏成就感，甚至感到厌恶，其实就是因为没有完全投入其中，全身心地去做。当你完全投入的时候，就会有不一样的感受，这就是有些人可以把工作当作乐趣的根本原因。

所以，调整个人的思路和价值观是很有必要的。要从当下的工作中去寻找真正的乐趣，**先干一行，再爱一行，把自己干的工作视为世界上最完美的工作，全身心地投入其中，用全新的视角去审视自己的工作和价值**，就能收获丰硕的事业成果。

▷ 工资不满意？请看这里

很多人在工作当中往往只关注表象，却忽略本质。什么是表象？比如如何赚更多的钱。你只关心自己的收入，你有想过自己期待的收入与自己的能力和要承担的责任相匹配吗？其实，任何一种能力的表现与其核心都符合冰山模型。

我们通常在看海上冰山时，看见的只是海平面以上的部

01 先做你该做的，才能做你想做的

分——占到整个冰山的10%，看不到的部分占整个冰山的90%。在职场中，我们看到的执行力也只是很小的一部分，就像海平面上的冰山，而真正影响一个人执行力的重要因素，如心态、动机、意识、协作等，都是海平面以下那90%的部分。沟通的能力，也适用冰山模型：一个人追求更高的沟通能力、沟通技巧，其实远远不如了解沟通的动机、意识、心态来的重要。

你的工资是怎么来的？是老板发的吗？是从取款机里取出来的。取款机里的钱是从哪里来的？是银行工作人员放进去的。银行账户上的钱是从哪里来的？是企业给你发的薪水。企业的钱是从哪里来的？是因为卖出了产品或服务，客户给的。也就是说，你挣的每一分钱，并不单纯来源于企业，而是源自你为企业创造的价值。而我们往往只看到工资的数字，而忽略了数字背后的逻辑和基础。

所以，一个人的工资取决于什么呢？取决于自我价值。

一个人工资多少，客观地讲，取决于以下三个要素。

第一个要素是自己所在行业的平均利润率。平均利润率是由一个行业的平均发展趋势和概况所决定的。在选择工作的时候，如果行业发展形势比较好，收入也就水涨船高。比如，那些有前景的朝阳行业，或是受第三方投资机构青睐的行业，往往被大众所看重，工资水平自然比较高。其实，这其中有很多相关公司还未实现盈利，但并不妨碍该行业工资的普遍水平高于其他行业。

第二个要素和能力相关。能力强并不代表工资就高，不管能力强弱，不干活都没有用，实干要靠能力支撑来创造价值。所以，第二个要素也可称为价值。你为企业创造了多少价值，就代表了你值多少钱和你在企业里能拿多少钱。这也是人们普

遍关注的指标。

那么，该怎样去衡量价值要素呢？实际上，在应聘面试的时候，人力资源部的招聘专员或招聘经理都会问你这些问题：你过去做过什么工作？你过去工作的薪资是多少？你主要负责什么？其实，招聘方就是想对你的能力有一个大体判断，考量你在同样或更好的工作环境下，是否可以创造更高的价值。如果对你表示认可，就会开出他们认为合适的薪资。企业的根本目的只有一个，就是盈利。我在给很多管理者进行培训的时候，常会问这样的问题：您觉得企业的发展目的是什么？有人说赚钱，有人说成名，有人说帮助员工成长。答案虽然五花八门，但归根结底都离不开一个最根本的要素——盈利。撇开盈利，其他都没什么意义。

企业就是以盈利为目的的商业组织。企业在招聘员工的过程中，仍然离不开盈利这个最终目的，所以企业在招聘时所要找的就是能够帮助企业盈利的人，一起工作，一起成长。

跨国集团、百年老店在初创时可能只是一个小作坊，现在门庭若市、货通天下的企业，起家时可能只是一个人蹬车送货。企业在不断发展的过程中，发现有很多事情需要做：也许货送得非常好，工作非常忙，一个人蹬车忙不过来，于是招人去送货；后来发现员工人数越来越多，业务量越来越大，于是又增加人手；然后发现只是送别人的货盈利不多，于是想自己生产送货量大的紧俏货，便开始筹划生产，边生产、边加工、边配送，然后就有了生产部和质检部；慢慢地，会发现应该增加一个业务部，专门负责跑业务；后来，又发现还得有人负责记账，还得有人负责招人……这就是一家企业随着发展部门会越来越多的原因。

01 先做你该做的，才能做你想做的

企业由小到大，都要经历一个发展过程。在这个过程中，企业会逐步进行业务分工，以便于把专业进行有效分化；把专业分化明确以后，每个人各司其职，专心做自己岗位职责内的工作；做好本职工作以后就可以创造价值，然后为获取更高的价值和更高的利润不懈努力。这就是企业的发展和盈利之间的关系。

第三个要素是可替代性。你选择的行业好，创造的价值就高；如果你的工作很容易被替代，工资就不会太高。所以，职场中的任何人都需要不断地成长，不只是与时俱进，更要修炼自己的"绝招"——**让自己变得不可替代，让自己成为人才而非人手。**

人才和人手的本质区别，就在于能否被轻易替代。什么叫人才？**人才就是经常做的事是别人做不到的。**什么是人手？**人手就是做的事往往是别人不愿做或没时间做的。**从人手进化到人才是不容易的，需要经过多方面能力的提升过程，需要不断地学习和积累。

所以，在未来的职业生涯当中，我们必须要有成长计划，必须要为自己的成长列出大致的方向和规划，思考如何进一步提升自己的能力，让自己做到不可替代。未来，不可替代性将成为个人在职场中的核心竞争力，能够有效抵御个人的职业危机。

▷ 其实你也是老板

无论从事什么职业，其实最终都是客户给你发工资，哪怕你不做销售，去做生产或做财务、保安，岗位收入的最终来源也都是客户。你的工作成果，就是为企业创造的价值，企业会

根据你创造的价值给你发放工资，所以工资也就成了企业对你创造价值的直接反馈。每个员工只要做好本职工作，以更高的效率为企业创造更多的价值，即使工作岗位不发生变动，其实也等于为自己加薪增添了筹码。

从创造角度来看，企业招进每位员工都相当于一笔投资。每个工作岗位都有岗位职责，在入职之初，不管领导给你开的工资是5000元还是3000元，企业对你所能创造的价值都有相应的预期，企业花在员工个人身上的成本很可能大于支付给你的工资。例如，员工个人工资是3000元，企业成本可能是6000元。因为除了工资，还有房租、水电费、福利、保险等费用，这些对企业来讲都是成本。企业给员工开出3000元的工资，员工只有创造了9000元的价值，企业在一个员工身上的投资才是值得的，否则对企业来说就是亏损。如果盈利乏力，那么企业也就很难持续发展。

企业设置不同的岗位和工资级别，是为员工提供足够的升值空间。希望员工在未来的某个时间节点实现超越，突破自我，为企业创造更多的价值。也只有互相信任和彼此帮扶且友好地协作下去，企业和员工才不至于离心离德、分道扬镳。现实中有很多人在抱怨工资低的同时，却没有去思考为企业创造更高的绩效和价值，他们对于工资的认识是存在很大误区的。

企业和个人之间是怎样的关系呢？答案并不复杂，是独立的商业交换的关系。很多人往往把自己当成打工者，在企业里干活，企业给发工资，认为只要上班了，企业就该给自己工资。其实，上班和领工资之间没有必然的关系。你今天上班了，但在上班时间什么都没有做，或者在上班时间创造的价值极低，那么这对企业来说是亏损的。如果"当一天和尚撞一天钟"的工作状态成为常态,那企业将长期亏损,最后只能倒闭,员工也将失业。

所以,想拿到更多的工资,就要用创造出更高的价值去打动老板,也就是说员工想涨工资取决于自己的表现。想多挣钱,就别抱着打工的心态去工作,先学会将自己当成"老板",用老板的心态来平衡付出和工资之间的关系。

▷ 涨工资,有绝招

员工想涨工资,有一个必要的前提——企业盈利。如果企业正在亏损或者经营难以为继,那可能会考虑裁员来降低成本,这种情况下想涨工资几乎是不可能的。

员工想要涨工资,无外乎两种渠道:第一是职位晋升,第二是业绩提升。

员工该怎样实现职位的晋升呢?比如过去是员工,现在想做主管,那你需要向领导证明自己有做主管的能力。领导关心的都是关乎企业利益的事,如果你能把领导最头疼、最困惑、最烦恼的事情找出来并且处理好,晋升指日可待。

员工想要实现业绩的提升也是这个道理。企业想要更好地生存,就要服务好客户,就要关注客户的需求。如果把客户最头疼、最反感、最讨厌的事情找出来并且处理好,个人业绩必然提升。

同理,如果你能发现企业里其他部门需要配合之处、其他部门抱怨最多的地方,并且将其处理好,也能实现绩效提升、效率提升、工资提升。

在涨工资这件事情上，你可以使用工作重点梳理工具表（如表 1-2 所示）。

表 1-2　工作重点梳理工具表

领导在意的	1.	2.	3.
同事需要的	1.	2.	3.
个人成长需要的	1.	2.	3.
客户在意的	1.	2.	3.

◣ 本节落地措施

1. 知识点（对你来说，印象最深刻的知识点是哪个）_____
2. 措施（结合实际工作，针对这个知识点，你将采取哪些措施进行落实）
   （1）_____
   （2）_____
   （3）_____
3. 承诺（这些措施，做不到怎么办）_____

01 先做你该做的，才能做你想做的

企业不是家，你得职业化

很多企业的领导，为了让团队更有凝聚力，让大家有责任心，会提出一个理念或口号——"视企业为家"。

我认为，这种想法很好，却很难产生理想效果。2009年，我去天津给一家生产陶瓷制品和工艺制品的企业做培训。企业前几年的效益非常好，近两三年忽然业绩下滑，利润也不高。什么原因导致这种状况的呢？领导百思不得其解。我去给他们做培训时，一进大门，就发现大门口墙上写着四个大字——"以厂为家"。而且因为企业的效益不好，业绩持续下滑，但是库存无缘无故减少，为此有管理者认为厂里有人监守自盗，所以装了很多监控。最后还真发现一个小伙子总是把厂子里的东西往家里搬，领导问他原因，结果这个小伙子理直气壮地说："没有啊，我只不过是把这个家的东西搬到那个家而已。"也就是说，他真的"响应"了领导的号召，把厂子当成自己家了。

领导提倡把企业当成家，是要营造一种期待和期望的氛围，旨在体现企业的人文关怀，但实际效果并不理想——没有谁真的会把企业当家。

在人和人之间的协作方面，甚至在对企业的爱护方面，领导觉得每个人都应该拿出十分的责任心去对待自己的工作和企业里的每一件物品。这种理念和出发点是好的，但是企业提出

这样的口号，实际上会影响员工对企业的正确理解，甚至出现案例中公私不分的认识偏差。

▷ 企业和家的区别

那么，企业到底应该是一个什么样的地方呢？

实际上，企业是商业交换的场所，是一个平台，是一种商业交换关系的集合。也就是说，员工为企业创造价值，提供结果；企业给每个人发放工资，提供成长机会。

在我来看，企业和家在以下四个方面有所不同。

第一，目标不同。

企业和家在凝聚感觉的维度方面是不同的。企业靠愿景、使命、价值观、目标等把所有人凝聚在一起，而家是靠血缘关系、亲情把大家凝聚在一起的，二者存在本质区别。

第二，使命不同。

企业是讲求商业交换的地方，企业经营的最终目的就是盈利。作为员工，如果很长时间没有产出，对企业业务没有贡献，企业不会发放工资。但在家里就不同了，即使你好吃懒做，甚至宅在家里啃老，吃饭的时候，父母还是会给你加双筷子。

第三，呈现不同。

在企业里，你的穿着打扮必须要职业化，很多企业要求员工上班期间要穿职业装，而且要求非常细致和规范。而在家里，你可以想怎么穿就怎么穿。

职业装是穿给谁看的呢？概括来说，第一是穿给自己看的。穿上职业装，能迅速找到在职场的感觉，这会有效地提升职业化的素养。第二是穿给别人看的，主要是穿给客户看的。职业装可以有效增强信赖感。如果你在一个不熟悉的地方迷了路，前面有一个五大三粗、光着膀子且有文身的大汉，还有一个西装革履、文质彬彬的帅小伙，你会选择向谁问路？当然是后者。客户在选择产品和服务时，就如同一个迷路的人，他们需要别人的指引和意见。所以，着一身得体的职业装，既是对客户的尊重，也能赢得客户的信赖——职业装是建立信赖感和专业感的一个绝佳媒介。

第四，称呼不同。

一般在家里，彼此间的称呼比较随意，尽显亲情。而在企业里，通常要按照职务来称呼彼此，比如说"张经理""李总""王班长""赵组长"等。

所以，职业化的要求与家中的要求是有区别的，我们必须把企业和家区分开来，有一个清晰的概念、明确的界限，不要存在灰色地带。因为一旦有了这种地带，人们就趋向于在这个地带去生存、去交流、去沟通，这样不仅会阻碍自身职业化的进展，也会影响企业的发展。

▷ 职业化团队的三个统一

一家职业化程度高的企业，在以下三个方面做得是非常统一的。

第一，思想统一。

思想统一就是上下一致：领导想的和员工想的完全一致，员工去做的和领导要求的也完全一致。这样，整个企业的效率就可以显著提高。

企业想要思想统一，新进员工在刚入职的时候就需要了解企业的核心价值观，个人需要据此做哪些调整，如何契合企业目前的核心价值观；了解整个团队的氛围如何，以明确如何去适应这种氛围、如何融入其中。员工融入于核心价值观的过程，就是职业化思想统一的过程。

思想的统一是实现职业化的关键。思想统一后，团队就有了统一步调和实现更高效率的可能性。如果领导在台上展望未来三年企业如何发展、明年企业将如何突破，台下很多人有"这件事情和自己无关"的心态，甚至还在过多地关注个人利益，比如福利是不是不够好、工资是不是该涨了、工作是不是太多了、升职是不是该轮到我了等等，那么这家企业的发展前景一定堪忧。原因显而易见，思想一旦不统一，就会产生极大的内耗。

第二，声音统一。

假如企业领导用了三个月的时间整理了大量资料，用了三个小时讲得热血沸腾，可是到了基层一线只用三秒就作废了，比如"我觉得这玩意儿够呛"一句话就给否了。在企业运行过程中，很多政策无法落实到位，就是受到这些杂音的影响。

杂音一旦出现，企业的效率会迅速降低，所以有一句话叫**"杂音越多，利润越少"**，这就是声音不统一给企业带来的危害。这些不和谐的杂音不只危及利润，还会让领导的决策无法落地，或是被曲解，从而造成企业发展迟滞，甚至埋下隐患。

第三，动作统一。

动作统一可以帮助整个团队提升效率。我们看到，一只蚂蚁虽然弱小，但是通过"团队协作"可以把体量数倍于自己的庞然大物搬回家……原因何在？因为动作统一。

步调一致，动作统一，还可以增加团队的信赖感。例如，客户到企业经过前台找业务员，找业务经理，然后找到销售总监，最后找到副总，发现这四个人在介绍企业的模式和产品时，每个人的说法都不一样，那么势必会影响企业的品牌形象，影响客户对于企业的评价。所以，动作的统一是对外输出的标准。

三大统一，由思想到声音再到行为，一脉相承。

▷ 具备三大素养，塑造人格魅力

电视剧《士兵突击》里有这样一个场景：班长带领大家去跑步，下达命令说今天例行科目——五公里越野。这时一个叫老魏的老兵说了一句话："五里吧，溜达溜达得了。"过了一会儿，班长说这是上级文件精神，然后又一个士兵说："哪个文件，我怎么不知道？"上述这些表现统称为杂音。杂音会影响执行，也会影响命令的传达。

和他们相比，许三多的表现就好很多。第一，对领导说的话言听计从，服从性比较好；第二，许三多往包里主动加砖头，主动性非常好；第三，非常自律。许三多身上呈现出的这三点，恰恰是职场人应该具备的职业素养。

服从。什么叫服从？理解了就去执行，不理解也先执行，在执行过程中迅速理解。

主动。主动询问领导，问清自己应该做什么、自己的目标是什么、对自己有什么期望，也能主动让其他部门提出要求，并满足对方的需求。

自律。许三多堪称自律到了极致，整个部队最后就剩他一个人的时候，许三多每天还干三件事：开会，因为他说这是要求；吃饭之前唱歌；坚持跑操。没人监督，没人检查，他仍然做到了对自己本职工作的尊重和付出。尽管无人监督，但是能自觉地把这些事情做好，这种素养就是自律。

服从、主动和自律，是每个职场人必须具备的三方面素养。

说到服从，坚决贯彻领导的安排是基本前提。很多人在领导做出安排后会说"我还要和领导商量一下"，商量可以，但一定要在指令下达之前商量，一旦变成指令下达下来，只有去贯彻，把这个决策落实到位，而没有商量的余地。

说到主动，在执行当中还有一件很重要的事情，就是主动反馈。工作不能靠领导来催、等领导来要，而是要及时将相应的信息和结果反馈给领导。

在此，请你思考并写下来向领导反馈工作，什么时机是最有价值的。

1. _____
2. _____
3. _____
4. _____
5. _____
6. _____

其他_____

在我看来，反馈有六大时机，具体内容见本书第103—105页。

自律就是自我要求。无论领导要求你做什么，自己对自己都要提出严格要求。自律的程度代表了自我约束，代表了服从规则，即使没有人监督，都能自发、自觉地去做，所以有这样一句话，叫作"严格自律的团队是可怕的"。

01 先做你该做的，才能做你想做的

📝 本节落地措施

1. 知识点_____

2. 措施（至少三条）

（1）_____

（2）_____

（3）_____

3. 承诺_____

在企业里,你得到的不仅仅是工资

很多人把工资看作自己的主要追求,其实工资在你的整个职业生涯中并没那么重要,尤其是在刚刚入职、资历尚浅的时候。在入职初期,我们其实更应该考虑的是个人的成长。

刚刚入职或入职时间不长的员工,所创造的价值未必能达到所领工资的标准。那为什么企业还要聘用他们呢?因为企业相信在未来的某一个时间点,员工可以创造出比他所得工资更高的价值。只有持续创造价值并能有所提升,企业才可能与员工长期合作。

▷ 企业曾给你经验

为企业创造价值的过程其实也是员工个人成长的过程。在这一过程中企业需要的是员工创造价值,与此同时,员工的个人技能也得到了提升,同时也积累了工作经验。

例如,有四个新入职的员工,第一个是博士生,第二个是硕士生,第三个是本科生,第四个是专科生。这四个新员工,如果单纯看学历,工资最高的会是谁?应该是博士生,向下依次是硕士、本科和专科生。但是,如果他们的背景、经验不同呢?博士生今年刚刚毕业;研究生已经有两年的工作经验,但并非同行业;本科生在行业中已经有了三年的工作经验;专科生则在这个行业里面有着十年的工作经验,而且还在该企业的竞争对手企业做过副总。那么这四个人的工资又会是怎样排序的呢？会不会发生变化？

事实上，个人能力只有和企业所需要的能力相匹配，个人的价值才会更高。

在工作中，以往的经历会赋予每个人增值的内容，让我们变得更"值钱"。这个增值的内容，其实就是工作经验。

所以，企业给员工的，除了宝贵的平台和资源，还有积累下来的宝贵经验。

▷ 企业也曾给你社会地位

企业除了给予物质保障和经验外，还给予员工社会地位。

例如，有一天你去外地办事，去跟合作方或客户交流。在进这家企业门口的时候，保安拦住了你，问你是哪个单位的，你说"我是某某企业的"，然后保安说"没听过"。这种情况是不是经常会遇到？当保安说不知道的时候，其实你会产生一种莫名的失落感。

如果有人和你一样也是去拜访的，被保安问了同样的话，然后他回答说"我是沃尔玛集团的"，保安会说："沃尔玛啊，厉害厉害，世界500强，请进请进。"一提到企业名称别人就知道，这个时候的你会有一种莫名的自豪感。

这种社会地位所带来的影响可能平时体现不出来，但当你对外接触的时候，或是当你从某企业跳槽去其他企业的时候，你会发现，你曾在哪个企业工作过可以在一定程度上决定你的身价。所以，企业除了给你工资，还会给你社会地位，这种社会地位带来的影响力是可以转化为个人品牌的。

▷ 企业曾给过你成长

我们刚入职的时候，或许什么都不会做，但是慢慢地，我们掌握了很多技能，比如说操作计算机、操作声光电设备，以及辅导和管理别人，等等。这些技能和经验，在我们的工作中，随着经历和阅历的丰富，都会获得相应提升。在这个过程中，我们个人可能是没有多少感知的，觉得自然而然地就发生了，其实不然，细想一下，个人的成长速度是非常显性的。

企业的发展带动了个人的发展，企业的进步也让个人成长。所以，企业和个人是利益共同体。

我们可以按照个人和企业价值观的吻合度，将所有员工分为以下三大类。

第一类是"人"。

对于企业的价值观高度认同。企业遇到再大的困难，哪怕待遇下调、压力增大，仍然能够忠诚且努力地去做事，把自己的工作做好。这样的人始终相信企业未来一定能发展壮大，就像当年阿里巴巴的"十八罗汉"一样，马云说企业经营困难，资金面临枯竭，甚至想过解散，外界也众说纷纭，但他们仍然能与企业一起共进，渡过难关。

第二类是"从"。

对于企业的核心价值观不完全认同也不反对，只是在企业里做好本职工作。这类员工对企业的价值观有认同度但不坚定，可以付出和努力，遇到点小风浪时能与企业同舟共济，不过一旦企业遭遇极大困境时，他们就会动摇，发出与公司不同的声音，不再认同企业的价值观，或是转身离开，另谋发展。

01 先做你该做的，才能做你想做的

第三类是"众"。

对于企业的价值观不认可也不反对，仅仅将企业视为挣钱的平台，当企业经营出现困难或是与自身利益相冲突时，他们便会跳槽，换一个平台继续工作。

你不妨衡量一下自己对于企业价值观的了解和认可程度，看看自己在本企业有多少成长和进步。

▷ 企业曾给过你良好的人际关系

职场除了能提升个人能力之外，还能扩展人际关系。

你会发现，自己加入企业多年，积累了很多人脉资源，而这些人脉很可能在你今后的人生中发挥非常重要的作用。人际关系处理得好，就能左右逢源，事半功倍，让你在以后的工作中快速提升。而这些恰恰是我们容易忽略的东西。

所以，过分关注工资是比较低层次的职场认知。在职场中我们收获的人际关系，对我们未来的成长——晋升也好，加薪也罢，甚至到其他企业或去创业，都会打下一个良好的基础。因而需要我们有清醒的认识，努力去经营人际关系。

▷ 企业曾给过你职业习惯

企业和家是有区别的，在家的习惯是生活习惯，而在企业里养成的习惯就是职业习惯，职场状态会让我们形成良好的习惯。一个人如果没有管理和约束，慢慢地就会变得比较懒散，效率就会比较低。

身处职场，你会发现自己的思维会变得敏捷，人会变得很有耐心，逻辑性也会变强。而那些长期不工作或是远离职场和社会的人，见识不多，整个人的状态就很松懈。所以，职业习

惯是其他事物难以替代的，可以受用一生。

以上就是我们在企业中除工资以外的收获，当然这里提及的是最主要的几点，我们也还会有其他的收获，比如市场信息、行业数据、客户信息、市场发展规律等。我们的认知，我们的格局，我们的情商、智商、财商等，都会在职场获得不同程度的提升。

人在职场中，应当像海绵一样，尽可能多地吸取有用的东西，不断汲取营养，从而促进个人的成长。

> **本节落地措施**
>
> 1. 知识点 _____
> 2. 措施（至少三条）
> （1）_____
> （2）_____
> （3）_____
> 3. 承诺 _____

01 先做你该做的，才能做你想做的

你是成年人，不是巨婴

▷ 职场的三种状态：依赖、独立和互赖

在职场中有这样一种现象，很多人会把问题直接推给领导：遇到某个问题解决不了，交给领导；这件事情不会做，扔给领导；这件事情不想做，交给领导，或者是交给别人去做。这些情况会造成一种结果，就是这个问题你下次遇到还是解决不了。这一现象也有一个通用的说法：职场依赖症。

在职场中，每个人都会有三种状态：依赖、独立、互赖。

我们在职场中必须要经历的第一关，就是从依赖过渡到独立。初入职场，你可以有一定的依赖性，因为对业务不熟悉，对模式不太懂，对企业的整体氛围也不清楚，此时你可以向前辈或领导请教，了解详细情况。一旦你对企业业务和氛围熟悉之后，就需要去独立开展工作了。从依赖到独立这一关，是我们必须尽快闯过的。

突破了第一关，你就具备了职场能力提升的可能性。独立后，你还要继续成长和历练，让自己具备更高的技能水准，为他人提供帮助，帮助他人成长。这个过程，就是从独立向互赖的过渡，目的是让别人的成长离不开你的帮助。

近两年"巨婴"一词非常流行。什么是巨婴？什么是成年人？很多人的理解是18岁就可以成为成年人了，其实这只是生

理年龄上的成年人。实际上很多职场人的年龄已经远远超过 18 岁，但是并没有做成年人该做的事。

成年人和小孩子最主要的区别在于能不能有效、独立地承担责任，坚持原则。小孩子思考某件事，往往重视的是能不能引起父母的关注，遇到困难就用哭闹的方式向父母求助，急于投入父母的怀抱去逃避。

而职场中，很多人虽为成年人，但其行为方式就像是个小孩子，在有困难的时候直接将困难推给领导，并且找出各种理由来证明自己已经无能为力，只有领导出手才能解决；或是想方设法推脱，不承认这件事情和自己有关。这样的做事心态，就是一种巨婴心态。

职场中很多人有这样的心态。领导说周五提交下周工作计划，他说"领导，我现在工作有很多"，然后找出各种理由来推诿。其实，这些都是成年人的依赖和推脱，目的就是把工作推给别人。

在职场中，我们更多地要从成年人的心态去思考问题，培养自己高效、独立地去承担责任的品质和能力。

▷ 依赖让你丧失职场免疫力

有职场依赖症的人，会丧失职场免疫力。我们在生活当中总会遇到不会做的事情，有些小孩子在这一刻会使出一个绝招——"喊妈"。喊妈，有没有效果？效果特别好。小孩子一"喊妈"，妈妈就会迅速地跑过去，觉得孩子很小，不会做很正常，于是替他做。慢慢地，小孩子遇到不会做的事情就会不假思索地"喊妈"。到了上学的年龄，孩子有不会做的作业，总习

01 先做你该做的，才能做你想做的

惯性地使出自己的绝招"喊妈"——"妈妈，我不会做"。妈妈也已习惯了这种"成就感"，于是说："我来吧。"三下五除二，就把作业"做"完了。我们都知道，人有天生的惰性，更何况是小孩子。久而久之，反复多次，孩子渐渐不愿意再动脑筋自主完成作业，因此也丧失了独立解决问题的能力——自己从来没有尝试去动脑思考，没有尝试自己去做，就会导致很多事情一直不会做，很多问题一直也解决不了。这样的人一旦进入职场，结果可想而知。

职场中也是同样的道理。一件事，如果这次交给领导，下次你还会交给领导，再下次可能你连思考都省了，直接交给别人，这就是典型的职场依赖行为。

一旦形成依赖习惯，个人的职场免疫力就会迅速衰减，不能独立去思考和解决问题。 依赖惯了、久了，就会培养出压根儿不去思考问题的员工。领导说把玻璃擦一下，他问从哪块玻璃开始擦；领导说从左上角开始擦，他问用干抹布还是湿抹布；领导说用湿抹布，他问用几成湿的。团队里摊上这样的员工，领导很快就崩溃了。

不带脑袋来上班，一味提出问题的员工，恰恰忘了被雇用的最有价值之处——解决问题的能力。这才是员工在团队中立足和生存的根本。

▷ 从依赖到独立，做好这三步

在职场中，为保证个体的独立性，应做好以下三点。

第一，独立思考。

遇事先去思考，试着找到更好的解决问题的方法，而不是

条件反射一般，遇到问题就先求助或甩锅给别人，那样，自己其实也丧失了一次成长的机会。

遇到问题不可怕，可怕的是遇到问题不思考，既失去成长和进步的机会，还会给人留下不好的印象。问题就是机遇，我们要把机遇留给自己，把潜能开发的机会留给自己，让自己更有时间和精力去思考，找出问题的答案。哪怕答案不太正确，但你至少具备了独立思考意识。

第二，独立承担责任。

在传统的家庭教育当中，很多父母在照顾孩子时有一个误区，就是当孩子不小心撞到桌角疼哭了的时候，不仅第一时间跑过去把孩子抱起来，而且想方设法安抚孩子的情绪。可能孩子本来已经不哭了，但经父母这一哄，孩子条件反射似的会哭得更厉害。从心理学角度讲，父母的哄会增加孩子的痛苦体验。

很多父母还会做出第二个愚蠢的行为：拍打桌子，边拍打边说"都是你坏，撞到我们家小宝，都是你撞到我们家小宝"。于是，孩子内心就种下了这样一颗种子：今天我撞到桌角不是我的问题，而是桌子的问题。桌子只是个物体，我可以把被撞的责任推给桌子，它会一声不吭。久而久之，孩子自小养成的思维习惯便是推卸责任。这种推卸责任的习惯一旦养成，再去改变是很难的。

新型教育方式与传统教育是有所区别的。同样是孩子跑动时不小心撞到桌角，父母会让孩子重新跑一遍。如果直线跑过去会撞到，那就曲线过去，避开桌角；如果孩子重新跑一遍还会撞到桌角，家长就让孩子再重新跑一遍，可能会改变跑的路线，直到孩子不会撞到桌角为止。这种教育方法被

01 先做你该做的，才能做你想做的

称为体验式教育，目的是让孩子明白自己在跑动过程中出现的问题。

这样的教育方式，就在孩子心里种下另一粒种子，让孩子知道遇到事情要讲道理，找原因，不能不分青红皂白地迁怒于桌子。这样的教育方式，就是教孩子能够独立地承担责任。

在职场，独立承担责任最主要的体现是勇于承担你的岗位职责。工作上手以后，你的岗位职责应有效地转化成具体行动，转化成绩效。我们可以通过调整语言模式来影响工作责任心，变推诿为承担。承担责任的语言变化如表1-3所示。

表1-3 承担责任的语言变化

过去语言	未来语言
我们遇到问题了	这是我的问题
我不会	我可以学
失败了	还有更好的办法
又一个困难	又一个挑战
没办法	我尝试别的方法

第三，坚守原则。

企业的制度，除了必要的法律规定，往往是领导制定出来的，目的是要规范、统一员工的行为。但在执行规范的过程当中，往往会出现偏差，导致很多人无法充分地尊重制度，并且有效地落实制度。

从个人角度讲，无论人际关系多么复杂，无论我们处于什么样的环境，一家企业的强大、一个部门的壮大，都必须从贯

彻和落实制度开始。

华为有基本法，万科有基本法，华为还有16条军规，麦当劳有立即解聘的23种行为等，这些我们看来是很普通的事情，却反映出一个深刻的道理：优秀的企业背后必有强大的原则。

优秀的企业背后都有一群践行原则的人。在IBM曾经发生过这样一件事。有一次，IBM的小沃森先生领着贵宾到办公区参观，刚到门口就被门卫拦住了。小沃森先生的助理立刻上前说："这是企业领导，你怎么不让进？"门卫回答，按照企业规定，企业内部所有人都要佩戴蓝色徽章，外部访客一律佩戴红色徽章，这两位（指向小沃森和贵宾）都没有佩戴徽章，按照企业规定是不允许进入的。助理有些生气，大声说："你怎么能这样？你不知道这是我们的总裁吗？你竟然不让他进门？"门卫打断了他的话，说："如果我让他们进去，就代表企业过去对我的培训是错的！"门卫掷地有声的回答让小沃森先生感到震惊，他让秘书把徽章送出来，等他和贵宾把徽章佩戴好后，门卫随即打开了门，还说了一声："欢迎光临！"

这个门卫坚持原则的做法得到了小沃森先生的肯定，后来他被提拔，一直升到企业安保部经理的位置。

我们在坚持原则的同时，既塑造了个人魅力，也会赢得别人的信赖和尊重。

独立是每个职场人都应该坚守和捍卫的原则，也是个人成长和蜕变必经的历程。做到以上三步，我们就能从依赖走向独立。

▷ 从独立到互赖，需要具备四种思维

从独立到互赖是一个蜕变的过程，你需要具备以下四种

思维。

第一，当责思维。

具备独立意识的人，已经能独立做事，可以对职责负责，并最终输出结果。当责的意识，要求我们不仅仅要做好本职工作，还要关注组织结果。例如，你是负责生产的，一早上班时发现水龙头一直在流水，你管还是不管？按照岗位职责讲，这不是你的事，这种想法是负责者的想法；当责者思维是，我要管，因为这影响组织结果。

第二，接力赛思维。

读者一定见过接力赛，是多名运动员通过传递接力棒完成的一种比赛项目，它考验的不是一个人的单打独斗而是组织协作力。如果下一棒的人在交接棒区域里，不愿稍稍向后迎接前一棒，前一棒的人也不愿往前多跑一步，势必会造成组织效率的低下，成绩也就不会令人满意。我们要做的，是打掉思想中的界限，不要把界限分得那么清楚，有时候多做一点，表面上看似吃亏，实则都是受益者。

第三，求己思维。

设想一下，如果库存数据每天都是最新的；如果财务工作人员，把票据填写规范都能具体呈现出来；如果人力资源部，每月2号就能把员工的工资明细发到每个人的邮箱里，让你事前了解自己的工资详情……那么，是否让你感觉到无比踏实和方便？这种思维就是我在内训当中所做课堂活动的结果，这个活动名称是"我可以为你做什么"（如表1-4所示）——每个人都要反思自己可以为同事、为其他部门提供哪些更好的服务，让对方方便甚至是感动。这种思维方式，令彼此双方都在反思自己，输出措施，促进高效。

表 1-4 "我可以为你做什么"活动表

我可以为你做什么	他部门	我的领导	我的下属
1.			
2.			
3.			
4.			

第四，补位思维。

我们站在自己的角度总能发现别人的缺点，如果仅仅只是发现，我们的价值还不能充分体现出来。所谓"补位思维"，就是不仅能发现对方的问题，而且还能够解决问题。领导经常忘事，我要多加记录；领导经常粗心，我要更加细心；领导特别忙，我要主动帮其分担；同事有流程遗漏，我先帮他补齐。上述的思维方式就是补位思维，不私下议论是非，只用行动帮他圆满。

能够用上述思维方式思考，我们就可以实现从独立到互赖的蜕变，赢得更加精彩的职场体验。

▷ 定向小工具，助你一臂之力

每次接到企业安排的任务时，作为一名能够独立工作的员工，需要从四个维度来思考问题，践行原则。在此介绍一个工具模型，我将其称为"定向工具表"。当我们接到领导安排的工作时，首先要弄清楚四个关键要素：目标、指标、措施和承诺。

01　先做你该做的，才能做你想做的

第一，目标。

领导安排我做这件事，想要什么结果？结果能不能量化？能不能标准化？是否可以被衡量和考核？了解了这些问题，才能清楚地知道目标。

第二，指标。

指标是影响目标实现的关键要素，也就是说如果其他要素都不变，只改变指标这项要素就将会产生非常大的影响。比如，要提升店面的销售业绩，指标就是顾客进店量、客单价和返单率。

第三，措施。

措施就是在这项指标之下，我们将采取哪些行为来支撑它。比如2021年5月1日—5月7日，每天早上9：00—11：00促销团队进行地推式派单活动，向行人发放单页5000份便是具体的行为措施。

针对措施的基本要求有三点。一是要有动作。嘴上说的全力以赴只是口号，完成哪些动作可以达成措施的哪一步，才是最需要事先筹划的。二是要支持目标。有动作很重要，但不能盲目，动作要和目标相关，能支持目标达成的动作才是有效的，而不是动作越多越好。自己每天比别人早到办公室30分钟，这是个动作，但未必一定和绩效有关，也许就是无效动作。三是要能考核。这个毋庸赘言，你完成的动作，必须是可考核和可衡量的。

第四，承诺。

事前承诺能让领导觉得你胸有成竹或很有决心，对你更加放心，能增加领导对你的信任。

你可以参照上述方法，使用定向工具表（如表1-5所示）来确定目标与工作。

表1-5 定向工具表

目标	
指标	
措施	
承诺	

本节落地措施

1. 知识点_____

2. 措施（至少三条）

（1）_____

（2）_____

（3）_____

3. 承诺_____

01 先做你该做的，才能做你想做的

领导有领导的事，请扛起你的责任

▷ 企业里的三种员工

站在企业盈利的角度，任何企业内部都有以下三种状态的员工：亏损型员工、持平型员工和盈利型员工。

企业招员工进来，是想让员工去做更多事，如果员工没有做到位，就是亏损型员工；如果员工做到位，就是持平型员工；如果员工做得更好，就是盈利型员工。

第一种，亏损型员工。

亏损型员工的标签就是"凡事找领导"。几乎什么事都找领导，有困难找领导，没有困难时，想出困难也要找领导。总之，就是把自己的问题交给领导或同事来解决。

第二种，持平型员工。

持平型员工的标签是"这事我来做"。经常说这种话的人，会产生责任意识，能够独当一面，为企业创造成果并产生绩效。他们知道哪些事自己该做、哪些事自己不该做，对得起自己的岗位职责，对得起自己的薪水，也对得起领导的信任。例如，认真做好领导布置的每一项工作，做事善始善终，哪怕离职仍然有高度责任心，把工作交接到位。

第三种，盈利型员工。

盈利型员工的标签是"那事我帮你"。他们会在企业内部营造出信赖的氛围，产生"1+1＞2"的效果，帮助企业盈利。

为什么有的企业五个人拿四个人的钱干三个人的活，而有的企业三个人拿四个人钱干五个人的活？根源就在于盈利型员工的数量。彼此间相互信赖，就能创造双赢甚至多赢的局面，让组织持续发展。

▷ 犯错后，你会怎么表现

如果犯了错，你会如何表现呢？

第一，逃避。

这样的员工，犯了错还理直气壮，没有愧疚感，能不承认就不承认，千方百计地辩解，认为事情和自己无关。通常是以耍赖皮的形式来逃避问题。如果无法逃避，这种人通常就会进入到第二种状态。

第二，找借口。

比如迟到。有的员工会为迟到找好几个原因：路上堵车、心情不好、睡得晚、闹钟没响、昨天喝酒了等等。如果以上种种借口还不足以让自己抽身，就会进入下一道"程序"。

第三，推诿。

如果上述借口不被"理解"，就会说不光我这样，谁谁谁也这样。只要有比自己还差的人，这种人内心就会心存侥幸，永远不会正视当前的问题，承担起自己应有的责任。如果实在推诿不掉了，那么就会进入下一个"级别"。

第四，讲人情。

既然无论怎么辩解都难逃处罚，就会恳求让领导照顾一下面子，等等，这就是讲人情。一旦开始进入讲人情状态，就会曲解原则。如果讲人情行不通，必须要接受处罚，那么就会进入逃避责任的最后一个"级别"。

第五，不情愿。

这样的员工会满腹抱怨地接受处罚，但是也开始到处散播负面情绪，甚至捕风捉影，造谣生事。

上述就是员工逃避责任时的常态。你可自检一下，有还是没有？

其实，在责任面前，你完全可以昂首挺胸，捍卫自己的职场人格。想要真正承担起责任，至少需要以下四个步骤。

第一步，承认问题。

福建一家企业大门墙上写着一句话：承认问题是解决问题的开始。这句话说得很对，一个人要承担责任，首先要承认问题。遇到问题，不要总说是别人的错，要把"这是我的问题"变成口头禅。把"这是我的问题"这句话牢记在心，当我们发言、思考的时候，首先想想这句话，不要再推诿和逃避。

第二步，反思自己。

遇事多想想自己哪里做得不够，应该怎样去完善，扪心自问，自己真的全力以赴了吗？有没有利用身边的所有资源去把这件事做得更好？

第三步，采取行动。

行动才是真正承担的开始。试想一下，领导说小张这件事情你为什么没做好，小张把脑袋一低，意思是自己知错了，领导你骂吧。承担责任的态度很好，甚至领导还没开口批评，小张先主动承认错误了，似乎承认错误问题就解决了。但是，行动才是最重要的步骤，承认错误的同时，要提出解决问题的方案才是正确的回应方式。

第四步，汇报结果。

最好是主动反馈结果，在合适的时间节点让领导清晰地知道你此时此刻在做的事情。

以上四个步骤对于员工养成独立承担责任的行为习惯非常有帮助。反之，如果事情没有做好认为不要紧、做不好没有羞耻感、做得不对没有愧疚感、做得不够没有亏欠感，那样就永远没有真正去独立承担责任的可能性。

独立承担责任，需要从自身开始做起：不要把责任推来推去，不要把责任扔给领导，担负起自己应该承担的责任，做自己应该做的事情，让事情尽可能地在自己手里了结。

▷ 你很可能在管理上司

我们都听过"三个和尚"的故事：一个和尚挑水喝，两个和尚抬水喝，三个和尚没水喝。为什么和尚多了反而没水喝呢？因为在人的潜意识里，都有逃避和推卸责任的想法，推卸责任的根本，在于降低个人风险——在推卸责任的时候，个人的风险是最低的，能让自己内心得到最大的安全感。

或许这种行为是出于人的本能，但在职场中，这种行为违反了职业化的要求。

通常情况下，以下四种迹象表明你在推卸责任。

第一，经常问领导没有经过独立思考的问题。

小李是广州一家公司的职员。有一天接到一个电话，他马上跑到领导面前说："经理，客户打电话催促我们发货！"经理说："哦，合同规定的日期到了吗？"小李说还没有，经理听了

01 先做你该做的，才能做你想做的

皱了皱眉说："那你应该告诉客户我们会按合同交货！"小李说"好"，然后就出去了。

过了一会儿，小李又接到一个电话，马上又去找领导说："经理，上海那位客户说我们发给他的货有两箱在路途中受损，要求退货。"经理有点不耐烦，问这种事以前是怎么处理的，小李说："我知道，我们应该同意退啊！"经理听完没好气地说："知道了怎么还来问我呢！"小李点点头，不好意思地退出去了。

上述这种现象在职场中普遍存在。小李不知道问题该怎么处理吗？不一定，只是习惯性地遇到问题就先往外推。

第二，经常把"我"的事说成"我们"的事。

本来是自己的工作，却告诉领导说"我们"现在有问题了，把问题稀释掉，把责任放到"我们"这个范围中，从而降低个人风险。

第三，出现问题先找借口。

有人遇到什么事，先强调这个理由、那个原因。销售说业绩不好怨研发，因为没有新产品；研发说没有新产品怨财务，因为资金不到位；财务说资金不够用怨采购，因为采购部开销太大；采购说开销大怨市场行情，因为物价上涨。所有人都在为自己部门找借口，没有一个部门针对问题去想办法。这样不断地推诿，其实会错过很多机会，造成大量内耗和浪费。

第四，利用上司的"成就感"。

在领导面前拍马屁，然后自然就把问题交给领导。这样的赞美就像是麻醉剂，经常这样赞美领导的人，其实就是在逃避责任。这种赞美领导的语言就是糖衣炮弹，最后害了领导，也害了自己，更害了团队。

想要真正做到职业化，我们就要学会承担责任，并且勇于承担责任，真正规范自己的职场行为，立志做一个优秀、卓越的员工，来展现个人价值，助力企业发展。

◪ 本节落地措施

1. 知识点_____

2. 措施（至少三条）

（1）_____

（2）_____

（3）_____

3. 承诺_____

02

你不愿承担,谁都帮不了你

02 你不愿承担,谁都帮不了你

多照镜子看自己,少戴眼镜看别人

人要真正了解自己,往往是很难的。我们应多照镜子看自己,少戴眼镜看别人——多向内看,找自己的不足,才是我们进步的原点。事实也证明,人最难了解、最难战胜的,不是竞争对手,而是自己。

▷ 多向内看,少做评判

一个人的成长进步需要从四个方面进行:一照镜子,二正衣冠,三洗洗澡,四治治病。

照镜子实际上是看自己。照镜子的目的,是了解自己身上存在哪些问题。而真正能看清自己的人,少之又少。

一个人总是对自己身上的三样东西特别自信,是哪三样呢?

长相。很多人觉得自己长得还不错,给自己的颜值打分时往往会较高,对自己的长相优点往往比较夸大。这种人只要一个人的时候,坐电梯也好,去洗手间也罢,通常会对着镜子左看右看,一边看还一边微笑,孤芳自赏。

智商。很多人觉得自己聪明,什么都懂,什么事别人能做自己也行,别人会的自己觉得也不难,一旦做起来,就会发现和自己的想象有天壤之别,各种意外情况频繁发生,让人防不胜防。这类人用一个词就足以概括——眼高手低。

人际关系。很多人觉得自己的人际关系不错,很多同事、领导、客户都很喜欢自己，他们见到自己会点头微笑。其实那些都是你的错觉——人家点头微笑纯属礼貌而已。

事实上，一个人对自己的评估，往往是不客观的，对自己工作成绩的评估也不是客观的。

我曾经服务过两家化工企业，一个盈利，一个亏损。盈利企业的利润还不错，是过去利润的两倍；亏损的则连续几年都不盈利，亏得一塌糊涂。两家企业的规模差不多，员工人数差不多，为什么一个盈利一个亏损呢？我很好奇，就做了一个调查。我问盈利企业的员工，你们觉得企业能够走到今天，能够蓬勃发展并且盈利，自己在这个过程中付出了多少、贡献了多少？并且让他们从1到10给自己打分。对亏损企业的员工，我问他们，企业目前遇到了很多困难，一直亏损，也一直没有突破，在这个过程中，自己该承担多少责任、企业的亏损和自己关系大不大？并且也让他们从1到10给自己打分。

最终的结果让我非常吃惊：盈利的这家企业很多人觉得自己为企业付出了很多，所有分数加在一起有3000多分。亏损那家企业，很多人觉得亏损和自己没有关系，所有分数加在一起总共不到50分。也就是说，大多数员工认为企业盈利有自己的功劳，而亏损和自己无关。

所以，真正做到"内观自省"，找到自己的问题，是承担责任的起点。

▷ 你是谁

若想有效地去看自己，发自内心地审视自己，就要回答以下两个问题：我是谁？我应该是谁？

你的名字背后一定承担着某种责任或贴着某些标签。如

"张三"，其实只是一个代号，而在组织背景下有一个张三，则不只是一个代号。所以多自我审视、反思，才能与组织背景相匹配，也才能取得进步。

光看别人、只向外看就会造成抱怨无数，向内看就会动力无穷。让我们多向内看，对他人也少一些评判。

无论是在家庭、职场还是社会中，每个人都有自己的角色，每种角色都被赋予一定的责任和使命：当兵要保家卫国，当医生要救死扶伤，当老师要培养人才，当运动员要摘金夺银，当厨师要做出美味佳肴。

你的角色和使命分别是什么呢？这个问题，是个根本性问题，需要搞清楚、弄明白。你是销售，就要做出业绩；你是客服，就要处理投诉；你是保洁，就要保持环境整洁；你是保安，就要保障安全。所以，你要站在组织的角度想：我是谁？我应该是谁？这个角色赋予我哪些责任和使命？

总之，你要找到动力的源泉，为责任、为组织，同时更多地也是为个人而战，做一个内心强大的正能量传播者。

▷ **多内看，将会很好看**

我曾经去郑州给一家企业做培训，中午在餐厅里吃饭时，菜单上有很多菜名，我毫不犹豫地先点了一道菜。之所以点这道菜，是因为这个菜名——"中国足球"比较吸引我。我一看名字，觉得应该是绿色的豆芽加上肉丸子什么的，荤素搭配且营养丰富的一道菜。服务员把菜端上来以后我一看，完全颠覆了我的想象，他端上来的是猪脚炖臭豆腐！

当时我会心一笑，不禁想起了中国男子足球的尴尬境地。中国男子足球踢得怎么样？看中国男子足球比赛的时候的心情如何呢？感受如何呢？很多人的回答是郁闷、不愿看。

其实我看中国男子足球还算比较快乐，因为从来不把它当成竞技比赛，而是当成一个娱乐节目。

每次足球比赛失利以后，记者采访问球员失利的原因，球员的答案无非是这几个：第一是天气不好，第二是对手太过强大，第三是队友不配合，第四是我们是客场，第五是教练战术安排问题。于是就换教练，结果教练换了一个又一个，仍然没有解决问题。

中国男子足球的问题得不到解决的原因，我们认为根本在于，中国男子足球队员没有意识到自己的问题，总是把这个问题往外推，总之就是比赛失利和自己没有关系。

在问题面前，我们往往习惯看别人、看外在环境，找各种客观理由去搪塞，就是没有去看自己。事实上，当我们真正向内看的时候，才有进步的机会；当我们真正向内看的时候，才会找到进步的起点；当我们真正向内看的时候，才能发现自己的潜力。

所以，多向内看，减少对外的审视，给责任担当找到原点和基础，这样在工作中才能够承担更多，肩负起更大的责任。因为责任和负责任的人是相互关联的，企业领导位高权重，但也背负了更多责任。为了扛起责任，只能不断变强，如果想成长得更快一些，那就要承担更多的责任。总之，多向内看，多审视自己，才是解决问题的根本。

02　你不愿承担，谁都帮不了你

◤ **本节落地措施**

1. 知识点_____

2. 措施（至少三条）

（1）_____

（2）_____

（3）_____

3. 承诺_____

让问题终止吧，别再踢皮球了

▷ 问题是机会，是体现价值的良机

在职场上，当工作出现问题时，很多人会选择逃避，甚至用最简单的方式把问题推掉，看似把眼前的问题解决了，实际上只是把问题掩盖起来，或是暂时搁置，结果问题越积越多、越积越大，直至最后埋下隐患，从一点小伤口变成大灾难。

其实，当我们在工作中解决完一个问题的时候，内心是充满正能量的，这种正能量同时也会被自己吸收，再次遇到同样的问题时，就不会恐惧和害怕了。例如，你不太喜欢上台演讲，但是你有一次突破了自己，站在台上发表公开演讲后，第二次再上台演讲就会淡定很多，以后还会变得更加熟练和从容。

如果工作中的问题总是没被解决，那么作为员工的你在企业里的价值也就不存在了。企业之所以招你进来，一定会有某种期待，希望你现在或者未来在某一个时间节点上，解决企业急需处理的问题。也就是说，企业如果没有问题，事实上所有人都会面临失业的风险。所以，我们必须通过有效地解决问题，来提升自己的价值。

02 你不愿承担，谁都帮不了你

企业里的问题可能是领导最头疼的事、同事最关心的事、大家都在关注的事，只要你能够有效地解决这些问题，你的能力、你的价值，就会被大家认可。

多去解决一些问题吧，不要让问题像皮球一样滚来滚去。如果我们每个人都能在自己的岗位上有效地解决问题，并且能够适时地帮助别人解决问题，那么无论是对企业还是个人的成长而言，都有莫大的帮助！

▷ **问题是能量，助你成长，给你经验**

每一个人的成长背后都是问题的解决！当你不断地去尝试、不断地去克服困难时，你内心的紧张情绪就会得到缓解，那种不舒服、不自在的感觉也会逐步被化解。

所以，每一个问题其实都是机会。事实证明，任何企业的壮大，都是因为在某个时间节点上解决了客户所抱怨的问题；任何企业的强大，都是因为在某种程度上解决了部门之间所面临的困难；任何个人的成长和强大，也是因为解决了其他人所面临的难题。总而言之，解决问题的过程就是成长的过程，解决问题就是个人价值的体现，可以说，**每个人的成长和强大都是被问题"滋养"的。**

企业发展的每个阶段，同样需要面临不同的问题。例如，初创期的企业，可能存在生存和发展的矛盾；发展中的企业，可能存在规模和规范的矛盾；高速增长期的企业，可能存在高速发展和人力资源不匹配的矛盾；而到了成熟期，企业将面临企业文化和新鲜血液之间的矛盾。这些问题都是在不同的发展阶段出现的，如同人的不同成长阶段一样，幼儿期、少年期、青壮年期、中年期直到老年期，人生的每一个阶段所面临的困难和问题都是不同的。我们每个人都是在不断地解决这些问题的过程中得以成长和进步的。

企业的问题需要每个人来解决，最怕的是在企业里，员工习惯性地把问题推给别人，最终导致问题一直存在。在企业里，问题不会因为某个人受惩罚而消失，而是需要一个妥善的解决方案，相互推诿绝不能形成任何行之有效的方案。

▷ 问题是成长，成长的速度等于解决问题的速度

我曾服务过一家生产一种机械产品的企业。有一次由于产品的喷漆不太连贯，导致客户退货。于是企业找到了喷漆人员。本来是因为喷漆人员技术不过关，把事情搞砸了，结果喷漆人员说他在使用新的喷枪方面没有得到较好的培训才导致出现问题，而监督人员的职责就是负责培训；找到监督人员，他说自己使用的旧式喷枪效果很好，工程师制定的新品操作复杂且性能不稳定；找到工程师，工程师说他没有使用过新式喷枪，听说性能不稳定，但采购价格比较实惠，而且采购员坚持要采购这批喷枪；等找来采购员，采购员说自己的姐夫在喷枪企业工作，他保证喷枪的质量绝对过关。最后，经过一番调查，得出了一个很愚蠢和无用的结论：客户退货是因为采购员的姐夫……

看到这里你会发现，调查最终得出的结论和亟待解决的问题之间根本没有关系。其实，如果一直追问员工，只是针对人，而领导应该关注事。一家优秀的企业，会研究产生问题背后的原因，而不是揪出一个责任人处罚了事。美国华盛顿特区杰斐逊纪念堂前的石碑腐蚀严重，管理者就是通过问为什么而将问题解决的：石碑为什么腐蚀严重？因为工作人员频繁

清洗；为什么要频繁清洗？因为鸽子经常光临；为什么有这么多的鸽子来这里？因为有大量的蜘蛛可供觅食；为什么有这么多蜘蛛呢？因为飞蛾很多；为什么有这么多飞蛾？因为黄昏时纪念堂亮着灯光。于是乎，解决方法随之诞生，就两个字——"关灯"。所以，管理者解决问题的根本在于：针对事情**一直问"为什么"**。

所以，不同的提问方式，就是不同的思维导向。当我们在**寻找"是谁"的时候，其实就是在推诿**，没有在找方法，而是在找问题本身；而当我们在问"为什么"的时候，就是在寻找产生问题的根本原因。

解决问题的思维意识、解决问题的能力，是每个人的价值所在。能够有效地判断未来在某个节点上可能出现的问题，拿出解决方案和措施，并且把这种方案主动反馈给领导，做到防患于未然，才是员工价值的最大体现。

在工作中，我们往往会重视那些解决问题的人，却忽略了预防问题发生的人。而在某个问题还没发生的时候，直接将其扼杀在萌芽状态，是一种高阶的职场能力。每个企业的领导都期待员工能在小范围内把力所能及的问题预防或解决掉，而不是等到问题扩大了以后再来展现所谓能力。让企业在不断发现并解决问题的过程中尽可能地减少损耗和成本，是每个员工需要去做的事情，也从侧面体现了员工为企业所做的贡献大小。

▷ 凡事参与即有责任

2018年10月28日上午，在重庆市万州区，一辆公交车和一辆小轿车在长江二桥相撞，后公交车坠入江中。10月31日凌晨，车内的行车记录仪被找到。在行车纪录仪的视频没有公布之前，各种猜测在民间广泛流传，有人说小汽车逆行，有人说公交车司机驾驶时精力不集中，等等。直到视频被公开以后，才发现是有一位女性乘客刘某在乘坐公交车的过程中因为坐过了站和司机发生了争吵，两次攻击正在驾驶的司机，使司机对车辆失去控制而坠入江中。整个过程持续了几站地，二人一直是争吵状态，坐过站的刘某后来和司机产生了激烈的肢体冲突，结果酿成惨剧。

而当刘某击打司机的时候，司机也在击打刘某，双方扭打的过程中车一直在行进中，在这种情况下，公交车怎会不坠江呢？

从公交车司机的角度来讲，他有没有能力避免这场车祸？当然可以，他可以在和刘某产生冲突的过程中先靠边停车，打亮双闪，在确保车辆安全的情况下再和刘某理论，哪怕有肢体冲突，也不会造成如此严重的后果。

而站在同车乘客的角度，车上的14名乘客，有没有能力避免这场灾难？有没有责任制止冲突？当然有。其他乘客若一开始就上去制止，或是提醒司机注意安全驾驶，也不至于酿成如此惨痛的后果，直至付出生命的代价。

而因为这次事故逝去的生命，背后是十几个家庭的破碎，这一事件也对他们产生了巨大的负面影响。

所以，**雪崩时没有一片雪花是无辜的，凡事如果你是代价的承担者之一，就要为此承担百分之百的责任。**哪怕只参与了其中一个并不重要的环节，或是做了整个流程中一件微不足道的边缘琐事，都要为整件事承担百分之百的责任！2020年疫情

02 你不愿承担,谁都帮不了你

形势严峻,每个人都有责任服从安排做好防护,都应当为控制疫情做出应有的承担和贡献,这就是责任心的体现。

▶ 本节落地措施

1. 知识点_____
2. 措施(至少三条)
 (1)_____
 (2)_____
 (3)_____
3. 承诺_____

工作没困难要你来干啥

▷ 杜绝抱怨，转弯向前

很多人在工作当中遇到困难、挫折、问题的时候，第一反应就是抱怨。抱怨越多，负面情绪积累越多，解决问题的积极性就越差，想到解决问题方法的机会也就越少。

请你闭上眼睛回想一分钟，在工作和生活当中，你遇到的所有困难、挫折、委屈、不理解、不愉快、不公平，所有让你不开心、不如意、不满意的事，把它们一股脑儿地全部在纸上写出来，其中可以包含同事问题、市场问题、领导问题、朋友问题、家庭问题、健康问题等，想到什么就写什么。

事实上，这些问题就是你的抱怨。将其写下来，如此倾诉过后，你会不会感觉心情平静些？或许会，或许不会。其实，抱怨过后，问题并没有真正得到解决。

我们在生活中遇到的困难大概率会被放大，但其实并没有你想象的那么严重。一个抱怨鞋子不漂亮的小女孩，当她看到别人没有脚的时候，就会停止抱怨，同情和怜悯的心态会冲淡她的抱怨。生活中还有无数比常人所面临的困难多得多的人，他们不断地挑战自我，于是达到了常人难以达到的高度。

在台湾省，有一个叫谢坤山的人，他失去了一条腿、两条胳膊和一只眼睛，但他不但没有向命运妥协，还创造了三大奇

02 你不愿承担，谁都帮不了你

迹。

第一，他成了一名画家。他没有胳膊就用嘴叼着画笔去作画，还将画作进行拍卖和义捐。

第二，他每个月到医院做一次义工，帮助那些处于病痛中的人。他的出现让那些病人保持积极、乐观的心态，去勇敢地面对病痛。很多病人因为他的所作所为而备受鼓舞，甚至康复效果明显改观。

第三，他每个月到学校里做一次演讲，帮助学生们树立正确的人生观和价值观。他用自己的经历告诉他们，要勇敢地面对挫折，努力实现自己的理想和价值。

古今中外，像谢坤山这样激励人心的事迹还有很多。例如澳大利亚的约翰·库提斯，也是身体上有缺陷，但是他没有因此而放弃努力，最终创造了一个又一个奇迹，成为激励大师。还有澳大利亚的尼克·胡哲，身体多处残疾，但他不仅会游泳、会开车，还会演讲和进行各种各样的乐器演奏，也是值得世人佩服和尊敬的人。

上文提及的这三个人，他们在生活中遇到的困难比常人多得多，但他们没有自暴自弃，而是勇敢地面对并用心去克服困难，从而创造了奇迹。究其背后的原因，是因为他们有一颗强大的内心和战胜困难的决心。

在职场上，所有的困难，其实企业领导早就综合考虑过，你只要努力做好自己的本职工作，努力克服前进道路上的重重困难，无论做什么最终都会顺风顺水。

所以，停止抱怨吧——因为**抱怨，无济于事**。你要做的是直面人生，做一个能积极面对困难和挫折，并主动想办法解决问题的人。

▷ 勇于面对，把困难吓跑

上述三个人的事迹，其实都符合一个逻辑——首先要有问题，然后敢于面对问题，最后内心保持积极乐观。这三点是我们承担责任、克服困难的重要秘诀，用一个小学生造句的句式来梳理一下就是：**即使……我也要……因为……**。

总之，抱怨只能帮你发泄情绪，并不能解决问题。请把你刚刚写在纸上的所谓困难或挫折拿出来看看，接下来用"即使……我也要……因为……"造句："即使"的后面，写上你刚刚抱怨的问题；"我也要"的后面，写上面对这些问题时可以采取的措施；"因为"后面，写上你采取某种行为时内心的原动力，代表着你解决问题的心态，代表着你的积极性，代表着你的乐观程度。

请试一下这种方法，或许能帮你走出困境。

▷ 很多的被迫，其实是你最好的选择

很多人每天早上会抱怨说：哎呀，我不得不做××事情，我是被逼的，我是被迫的！

很多人说自己被迫起床、被迫洗衣服、被迫吃饭、被迫伤心、被迫……其实，这些事情都是自己选择的结果。

为什么？你完全可以不起床，可当你不起床的时候会想，自己可能会失去工作——短暂地在被窝里的舒适，会付出更大的代价。所以起床并不是被迫要做的，而是当下最明智的选择！

你之所以会吃早餐，也是经过深思熟虑后做出的明智选择；你之所以去工作而且努力地工作，也是你思虑再三之后的明智选择。所有这一切都是个人每时每刻在当下最好的选择。

02 你不愿承担,谁都帮不了你

在生活中,完全没有"被迫"这回事;在工作中,更没有"被迫"一说,只是当下你做出了最明智的选择。所以,其实没有被迫,只有选择。把所有的"被迫"换成"我选择",你就会豁然开朗。

比如,"我被迫起床"换成"我选择起床";"我被迫吃早餐"换成"我选择吃早餐";"我被迫努力工作"换成"我选择努力工作";"我被迫主动承担"换成"我选择主动承担";"我被迫加班"换成"我选择加班";等等。慢慢地你会发现,你的心态和以前不同了,更有责任心,也更有担当了。

所以,请把过去所有的抱怨、困难、挫折,换成**"即使……我也要……因为……"**的句式,去改变自己的心态。把过去的**"不得不""被迫"**换成**"我选择"**,你的心情会好很多,状态会好很多,工作成绩自然也会好很多。

所以,困难面前,请你多一些决心,多一些担当,让自己活出精彩,从而创造出更加灿烂的未来。

◣ 本节落地措施

1. 知识点_____

2. 措施(至少三条)
(1)_____
(2)_____
(3)_____

3. 承诺_____

你的承诺很值钱

在职场上,很多人不愿意做出承诺,概括起来无外乎两个原因:第一,从小父母告诫说,孩子,说话别说太满,要给自己留后路,于是你给自己留了很多后路,不做承诺;第二,怕承担责任、怕丢人、没面子,被各种臆想出来的恐惧所吓倒。

▷ 不敢承诺,就等于不进步

承诺是一种力量,是一个人做事有决心的重要表现。在企业内部,承诺是最有效、最简单的沟通方式,也是能够快速赢得别人信赖的沟通方式。承诺本身是一种核心竞争力,它让我们承担责任,能让我们所承担的责任变得可衡量和可考核。而且,敢于承诺也可以让领导放心、让领导感到心里踏实。

小刘和小张是同一家企业销售部的新员工,二人毕业于同一所大学,一起加入该企业。销售总监给小刘和小张分别下达了季度销售指标,每个人都是回款1000万元。小刘接到指令后,马上说了很多难处,最后销售指标敲定在回款750万元。反观小张,接到指令时就立刻做出了保证完成任务的承诺。接下来,销售总监重点关注小张,资源几乎都向小张倾斜,只是不时过问一下小刘。该季度结束的时候,小张完

02 你不愿承担,谁都帮不了你

成了回款 1000 万元的目标,小刘也完成了回款 750 万元的目标。销售总监接着安排下一季度的工作,小刘的目标是回款 750 万元,小张的目标是回款 1000 万元。小刘又开始找各种理由,最后目标定格在回款 650 万元;小张则自我挑战,达成了回款 1200 万元的目标。年底,企业人事变动,小刘被淘汰,而小张成了销售总监。

从上面的案例我们可以看到,承诺是个人进步的基石,更广阔而言,每一个承诺都代表着挑战和进步,每一次承诺都代表着接下来要向更高的目标进发,迎接新的天地。

其实,在职场上我们往往处于三个区域中(如图 2-1 所示)。第一个区域叫舒适区。在舒适区内,我们或者做着擅长的事,或者做着经常做的事,或者做着没有风险的事,或者做着即便错了也不要紧的事。由于所做的事情比较熟悉或者不用承担太大风险,所以心态会特别放松。第二个区域是恐惧区。短时间内,无法实现或达到想要的结果,短期内也无法通过自己的资源协调和努力去实现,我们就会处于恐惧区。上述二者中间的区域即为挑战区。在挑战区,我们往往做着

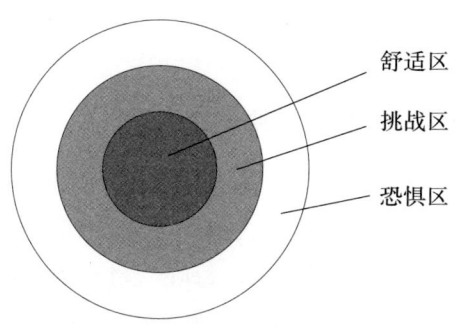

图 2-1 职场上的三个"区"

有挑战或有风险、涉及人际冲突、具有很多不确定性的事情。正是这一部分恰恰会促使我们成长。

我们要成长就要敢于走出舒适区，敢于承诺，不断挑战自我，从而不断地进步。

▷ 承诺是赢得信赖的最佳武器

当别人不信任你的时候，你说的话再多、再漂亮，都没有什么意义，因为对方需要的，是你的承诺，是由你的承诺带来的安全感。

在工作中，当领导给你安排了任务，而你死活都不敢做出承诺的时候，领导心里会怎么想？会不会对你放心？如果你接到任务后说，你一定能完成，完不成愿意接受处罚，立下军令状一般的承诺，那领导又会是什么样的心情？又会不会对你放心呢？

当然，承诺不是夸海口，也有真假之分。**假承诺就是为某件事设定很多前提条件，甚至是一些不可能存在的条件。真承诺就是无论在什么情况下，都会不遗余力地去努力，哪怕条件艰苦、环境恶劣，都会想尽办法去解决问题、扫除障碍，去实现目标。**

▷ 承诺是企业最核心的竞争力

一家建筑企业的负责人说，企业之所以能够持续发展，排名整个地区的前十名，是因为经常用承诺作为核心竞争力。他们承诺在保证品质的情况下，每晚交付一天，赔付客户现金50万元。就这样，每个员工都铆足了劲，团队也逐渐发展壮大，形成了敢打敢拼的特质。于是他们在各大项目招投标

02　你不愿承担，谁都帮不了你

中拿到了很多单子，企业的业务发展得很快，也走上良性循环的发展轨道。

所以，**承诺也是个人品牌和企业的核心竞争力**。当企业出现问题或遭遇危机时，突破口就在于承诺！承诺是团队战斗力的源泉和行动保证，能把承诺作为企业的品牌基因，打造出敢于承诺的团队氛围和企业文化，这样的企业必将获得持久发展！

在工作中，我们可以使用下面的"责任承诺书"工具，来明确自己的承诺，确保责任落实到位。

责任承诺书

我承诺在工作中，我要坚守_____
_____

原则，承担_____
_____

的责任。做到对自己负责，对团队负责，对公司负责。

承诺人：
年　月　日

▷ 做好"三守"，能守未来

优秀的人才，必须具备以下三个方面的要求，即守时、守信、守心。

所谓**守时**，不只是不迟到、不早退，还有更深层的含义。

有这样一则故事，小和尚问老和尚："师父，您在悟道之前都做什么？"老和尚回答："砍柴、挑水、做饭。"小和尚又问："那悟道之后呢？"老和尚答："砍柴、挑水、做饭。"小和尚不解地问："那前后岂不是没有区别吗？"老和尚语重心长地说："那不一样。我悟道之前，砍柴的时候想着挑水，挑水的时候想着做饭，做饭的时候又想着砍柴。现在不一样了，现在我砍柴的时候就想砍柴，挑水的时候就想挑水，做饭的时候就想做饭。"

这个故事体现了守时的第二层意思，就是什么时间干什么事：学习的时候就学习，休息的时候就休息，上班期间就工作，下了班就回归生活。人生讲究的是一种平衡，既要讲究生活、学习、工作的平衡，又要维系各个维度、各种关系的平衡。所以，把当前的事情做好了，就等于把人生过好了；把所有的事情都处理好了，你的人生就变得精彩了。

所谓**守信**，就是信守承诺，说到做到。如果你承诺了但做不到，比如，与好友约定下午四点见面，但因为堵车肯定到不了，为了信守承诺，就要提前打电话告知对方，让对方有所准备，把风险和损失降到最低。

所谓**守心**，就是领导在和不在都一个样，保持"慎独"很重要。当我们具备"慎独"能力，即使没人检查、没人监督、没人督促，仍然能主动地把事情做好。对得起自己的责任，也对得起企业的信任，这就叫守心。

能做到守时、守信、守心这三点的人，就是一个勇于承诺的人，就是值得委以重任的人。这样的人就能一天天地变得更加靠谱和优秀。

02 你不愿承担，谁都帮不了你

记住，承诺很值钱，所以应该多一些承诺，经常用结果去说话，让自己的个人能力和品牌变得更有价值。

我们可以使用下面的工具表（如表 2-1 所示），来时时提醒自己，从而重视承诺，磨炼敢于承诺的品质。

表 2-1 "三守"职业改善表

	过去的行为	未来的行为
守时		
守信		
守心		

◣ 本节落地措施

1. 知识点_____

2. 措施（至少三条）

（1）_____

（2）_____

（3）_____

3. 承诺_____

03

别再靠嘴说,
我们要的是结果

03 别再靠嘴说，我们要的是结果

别说很辛苦，我们要的是结果

▷ 辛苦不重要，结果才重要

很多人抱怨领导只看功劳不看苦劳，但企业是靠结果在发展的，任何人做领导都一样。举例而言，你在逛街的时候，发现一个国际一线品牌服装店在搞活动，价格打一折，而且有一款衣服无论是款式还是材质你都非常喜欢，穿上以后就像量身定做的一样，非常适合自己。你准备把它买下来，但结账时发现衣服的肩部有个洞，也就是说这件衣服是残次品，你还买不买？当然不买。当你决定不买的时候，店长出来了，她说："这位女士，是这样的。我们这件衣服是全球限量版，由 12 名员工纯手工制作，耗时 7 天 7 夜，每一件衣服都是用心雕琢的，每块布料也都是精心筛选的，工人们非常辛苦，其中有两个工人在制作过程中还受了伤，手指被工具弄伤了。虽然衣服的质量有些瑕疵，但还是值得买的。"听完这番话，你买不买？当然仍旧是不买，因为我们购买的是体现最终效果的成品、是工作的结果，而不是辛苦的过程。在我们自己的工作中也一样，很多时候，我们过于在乎过程，却忽略了结果。

工作态度很好，工作状态很棒，工作感觉很好，每天都在忙，这些都不重要，最重要的是结果是好还是坏。

一起入职的同事,哪怕过去是同学,是同年龄人,过了三五年之后,薪水、职位就不一样了,事业水平和工作状态甚至会产生很大差别,这是因为每个人在工作过程中创造的价值是不同的。

在此我们需要思考的是:企业到底需要什么?自己能为企业创造什么?企业需要的被称为买点,你能做的被称为卖点,只有二者充分结合,你才能在企业持续走下去。针对于此,我们可以用日总结反思表(如表3-1所示),来反思每日的工作。

表 3-1 日总结反思表

今天做的事情	价值评分(1~10)	哪些可以不做

▷ 职场中的三类人

在职场中有三类人最具代表性。这三类人都对自己的工作状态感到满意,但是并不符合企业的预期和要求。

第一类叫圈外人。

这类人从来不把自己当成企业的人,哪怕加入企业很久了,还经常说"你们公司",好像自己不是其中的一员。

我们始终要牢记,一旦办了入职手续加入企业,在其中工作,自己就是其中的一员,是和企业兴衰紧密联系在一起的。不仅你这个人在这家企业，你的心也要在，才能够用心做事。

第二类叫封闭人。

看到企业的问题不讲，看到别人需要帮助不帮，看到别人有问题也不指出来，就是封闭人的典型特征。

我曾经去一家企业做调研，好多员工什么都不说，等调研完了，他们却悄悄地跑来向我问这问那，从他们的提问中我发现，他们问的和我调研的结果差不多，这说明他们对企业存在的问题已经有所察觉。

封闭人总是把自己封闭在自认为的安全范围内，不愿为企业耗费过多的心神。其实，这类人并没有完全融入企业。

第三类叫玲珑人。

这类人为人处事非常灵活，领导在时工作状态近乎疯狂，看起来非常敬业且努力，领导见了自然很是喜欢。而领导一旦离开，他们就什么也不干。这种人被称为玲珑人，是典型的两面派。

领导面前一个样，领导背后一个样，这种人并没有真正地守住本心，实现工作上的自律。所以，在这种情况下，他们的工作质量是不可能有保证的。

以上三类人在每个企业或多或少都会有。我们要时常对照检查一下自己，提防自己掉入这三类人的陷阱。

▷ 三种执行，你是哪一种？

苏联时期，有一群人在空地上劳动，干得热火朝天。其中有两个人的动作特别诡异，一个人拿铁锹在挖坑，挖完以后还用尺子精确测量，确认挖好一个坑就开始挖下一个；等他把坑挖好，后面紧跟着另一个人过来二话不说，拿起铁锹就把坑填上，还站到上面使劲踩几脚，让那个坑看上去像没有被挖过一样。

有路过的人就问：老兄，你们在做什么？挖坑那个人拍着胸脯说：在种树。我们有严格的分工和流程，三个人一组，我负责挖坑，那个人负责填土，还有一个负责放树苗。放树苗的人今天请假了，我们就只能挖坑和填土了。

这个场景表面上看起来很荒唐，但仔细想想，挖坑的和填土的做事都很努力，也很辛苦，二人按照岗位职责来说应该都是一流员工。但是就做事而言，二人却没有创造成果。

领导最终想要的成果不是让谁挖个坑，也不是让谁去填土，而是需要通过三个人的合作，把树种上。领导不是考核放树苗的人有没有来，不是看挖坑的有多努力，也不是看填土的一直在忙，领导关注的是三个人共同达到一种什么样的结果，而这种状态一定是符合组织需求的，这种状态和结果一定是最有价值的。所以虽然上述这两个人都非常努力，都在岗位上尽职尽责，但是付出的劳动毫无价值。

以下是员工在工作中会呈现出的三种执行状态。

第一种状态叫机械执行。

机械执行就是把自己当道具、当工具，心里并不认可领导安排的工作，但又无可奈何，于是带着最差的态度去工作。他们只知道自己必须要做，但在做的过程中没有任何热情，没有任何动力，边做边骂，边抱怨边偷懒，这种工作状态被称为机械执行。

第二种状态叫热情执行。

热情执行就是对待工作很上心、很努力、很敬业，态度也很好，但是没有思考自己做这项工作最终想要达到什么结果，导致做事总是不得其法，结果也总是不尽如人意。

第三种状态叫同理心执行，也可称为同理执行。

同理心执行就是懂得换位思考，站在对方的角度去想问题，了解工作的流程和目的。

上文中提到的种树的两个人显然属于第二种状态——热情执行，却没有产生结果，但是两个人的工作态度和努力程度都可圈可点。

另一方面，作为管理人员，如果管理中不跟进，不用检查、考核的手段，再怎么渴望产生结果，最终也不会太理想。推而广之，我们每天的工作其实也是在种树，可能你负责挖坑，可能你负责填土，也可能你负责放树苗。每天临近下班时，都要回想一下自己的工作，看这一天有没有把树种上，而且有没有种活。这其中每一个动作有没有做成假动作，每一个动作有没有真正产生价值，这才是思考的重点。

有些人，表面上看起来很努力，实际上本身并没有产生价值。**低质量的勤奋不如休息**，低质量的勤奋不如不做。所以，不要只是看上去很努力，你要发自内心去努力，才会有更好的结果。

▷ **工作聚焦法，跟忙、乱、差、错说再见**

我们在工作中有很多事情要做，如果搞不清哪些事情该先做、哪些事情该后做，眉毛胡子一把抓，很容易导致一种状态的出现，就是忙；工作一旦忙了，相应地也会产生另外一种状态，就是乱；工作一旦乱了，结果可想而知，就是差；结果一旦差了，将会产生另外一种结局，就是错。

工作中，有很多工作是应对性的工作，即突然出现、事前没有任何思想准备的工作，比如突然造访的客户、一个紧急电话、来投诉的客户等等。在这种时候，可以采取"兵来将挡，水来土掩"的方式解决。还有一些工作是计划性工作，即有事先准备，按照既定的计划就可以解决问题的工作。还有一类工作则属于成长性工作，即暂时不做也没有问题，但是做了对未来帮助非常大的工作，比如学习、读书、及时总结等。完成好以上三类工作是所有人成长的关键。

聚焦法可以帮助我们做好计划性工作，聚焦成长性工作，多做对能力成长、工作绩效提升有帮助的事情。所以，我们每天下班以后可以填写表3-2，来了解每日哪些方面有进步，判断成长性工作的比例是否恰当。

表 3-2 今日工作总结表

序号	工作内容	工作结果	工作类别		
			应对性	计划性	成长性
总结	今日总结打分：5分　4分　3分　2分　1分 明日计划：				

为以上工作内容进行区分，并在相应的类别框打"√"。

打分标准：成长性工作时间占比10%～19%的，打1分；

03 别再靠嘴说，我们要的是结果

成长性工作时间占比 20%~29% 的，打 2 分；成长性工作时间占比 30%~39% 的，打 3 分；成长性工作时间占比 40%~49% 的，打 4 分；成长性工作时间占比 50% 以上的，打 5 分。

> **本节落地措施**
>
> 1. 知识点 _____
> 2. 措施（至少三条）
> （1）_____
> （2）_____
> （3）_____
> 3. 承诺 _____

五星结果标准,请看你的结果值多少钱

▷ 不同的结果,不同的价值

既然工资水平和结果相关,那么我们就很有必要来提升自己产出结果的品质。结果的品质提升,收入自然就会跟着提升。

结果品质最好提升到卓越的层级,也就是你产出的结果非他人可比,你才算是完成了从人手到人才的蜕变,工资水平才会相应提升。

只有一个人才能决定你的工资水平,那就是你自己。我们创造高品质结果的过程可能比较辛苦,但最终往往会收获荣耀。有句话叫"过程越沧桑、结果越辉煌",说的就是这个道理。

那么,怎样做才能让你的工作结果更加值钱和有意义呢?以下是我整理的工作结果的五星层级,看看你在哪一层次,你的工作结果又价值几何。

▷ 做了不行,做好才行

假如你是一位行政专员,领导要开会,让你发个通知,你会怎么做?

03 别再靠嘴说,我们要的是结果

有的人是迅速地在黑板前大笔一挥写下:通知,今天下午14:00所有中层到大会议室开会。总经办,××年×月×日。笔一扔,扭头走了。

这样做导致的结果就是,可能有人在车间里工作,根本没有机会看见通知;有人外出采购、见客户,也没机会看到通知;还有人可能看到了也装作没看到。最后可能少有人去开会。所以,上述做法是一星结果,也就是无结果。这样的结果越多,企业越危险。

一星结果:只行动,无结果——没有价值,干扰领导正常安排。平均工资 800 元。

另外一种做法是发送完通知,还要给所有人打电话、发个微信,通知你下午 14:00 开会这件事,并且在会前半小时还要确认参会人是否能准时参会。这种做法就属于二星结果。

二星结果:底线结果——勉强能用,效率低。平均工资 1200 元。

如果行政专员在以上工作基础上再提前布置好会场,检查音响、投影、话筒、灯光等,在硬件方面做好了充分的准备。同时,还根据会议内容,通知大家携带哪些必需的资料,是项目进度的 Excle 表还是工作汇报的 PPT,还是设计的图纸等,目的是让大家提前做好充分的准备,防止发言时凭感觉,开无效会议。这种做法就属于三星结果。

三星结果:合格结果——满足领导需求,工作正常运转。平均工资 3000 元。

在三星结果的基础上，行政专员如果还能抓住开会这件事情的结果就更优秀了，比如做会议记录，防止遗忘，同时会后跟进，让领导随时知道各项工作的执行状态、执行结果。让领导放心、安心、不操心。领导就会为这种优质的结果点赞。这种做法就属于优秀结果。

四星结果：优秀结果——超越领导需求，效率高，有始有终。平均工资 8000 元。

能有四星结果已经非常优秀了。如果在其基础之上，让其他同事也可以做到更好就属于卓越结果了。比如把开会这件事情梳理成流程：事前的准备、事中的注意事项、事后的总结内容，一五一十地梳理出来，形成工作流程。保证任何人都可以输出同样的优秀结果。这就是五星结果。

五星结果：卓越结果——助力企业基业长青，避免重复探索。平均工资 30000 元。

想要收获五星结果的你，可以使用表 3-3 来帮助自己快速成长。

03 别再靠嘴说,我们要的是结果

表 3-3　五星结果梳理表

序号	我的例行工作	一星结果	二星结果	三星结果	四星结果	五星结果
举例	会议记录	记大概	记全面	记精准	主动提交	做流程
1						
2						
3						
4						

◤ 本节落地措施

1. 知识点_____

2. 措施(至少三条)

(1)_____

(2)_____

(3)_____

3. 承诺_____

请给我选择题，别给我问答题

▷ 自由是以自我约束为前提的

当我们每天早上急匆匆地赶到办公室打卡考勤后，会发现并不是所有人都必须打卡考勤。有些人，不需要考勤，不需要每天8：00就去打卡，这个人就是董事长或总经理。为什么他们可以不用考勤打卡？因为做到这个级别的人，已经学会了四个字——自我管理。

能做到自我管理的人根本不用考勤，他们的辛苦付出和努力不用别人去监督。

然而，绝大部分人不具备自我管理的能力。福建有一家企业尝试自我管理制度，曾经没有硬性规定必须考勤，员工有早上9：00到的，有10：00到的，有11：00才到的，甚至有人干脆不来。这种情况影响了整个企业管理的规范性，影响了企业的正常经营和发展。

所以，企业的考勤管理以及其他管理方式，都是对自我管理能力不足的补充和完善。不是因为某个人有问题，而是绝大多数人的自觉性很难保证，当没有约束的时候，人性懒惰的一面就会被无限放大。**自由的前提，一定是约束。**

我们需要思考的问题是，为什么我们不具备主动自觉的能力？为什么我们还没有实现真正的自我管理？很多问题为什么我们处理不了？我们到底缺失了什么？

济南有家企业的副总向企业提出申请，他也想实行弹性工作制。为了说服他，总经理就为此讲事实、摆道理，但都没有说到关键点上。由此二人产生了分歧和矛盾。

这时董事长过来说了几句话，那个副总就哑口无言了。董事长说："你看一下去年的工作结果记录，我和总经理两个人完全超过了所规定的每天八小时工作时间，不用考勤，我们仍然能够达到这样的结果，是因为我们具备了自我管理的能力，而大多数人并不具备这种能力。我们担心一旦放开考勤，员工根本保证不了工作时间和工作质量，势必会影响业绩。从企业持续发展的角度，当人们达不到自我管理的程度，就不可能开放弹性的工作时间，你也一样。"

当我们学会自我管理的时候，才有可能真正地获得自由。所以，自由和不自由是相对的，当你真正具备了自我管理的能力时，外界的约束就会少很多，这种状态就是自由。当你不具备自我管理的能力时，就必须要靠组织规范进行约束。当你不能提供有效的结果时，企业领导或同事对你提出要求，其实是对你能力提升的一种促进，也是组织发展的需要。

任何人做事都需要结果，自我管理能力强、主动性好的人，收获的结果会越来越多，也能获得更多的以约束为前提的自由。

▷ 请带着答案来找我

职场中很多人不愿意动脑筋思考问题，常常把问题扔给领导，在那里等待答案。

一家医疗器械企业的总经理姓张，有一次发现企业的打印机坏了，于是安排自己的下属小刘去处理。张总说："小刘啊，我们的打印机出问题了,去买一台同型号的打印机。"小刘听后马上行动,先坐公交车然后倒地铁,来到科技市场,转了很多地方,三个小时以后回来了,报告张总说:"张总,您说的打印机卖完了,您看怎么办?"张总非常生气。这个时候,张总看到另外一个员工小李,叫过来说:"小李,你去买一台跟以前一样的打印机。"三小时后,小李气喘吁吁地回来了,满头大汗。小刘刚好在门口,一看小李回来就问打印机买到没有,小李说没买着。小刘顿时心情放松了很多,内心还嘀咕一句话,原来不是我一个人笨。小李去办公室找张总,汇报了五分钟就出来了,小李对小刘说:"老总让你进去一趟。"小刘进去,又被张总骂了50分钟。很多人疑惑,两个人都没有买到打印机,为什么一个人很快就从老总办公室出来了,另外一个人却被骂了50分钟?

让我们看看他们二人是怎么向张总汇报的。小刘的汇报是:"领导,您说的那款型号的打印机都卖完了,您看怎么办?"小刘相当于给领导提出了一个问题。这个问题抛出去,就会形成一种结果:自己再也不用去思考这件事了。接下来,领导可就忙了,因为他必须要处理这件事。

小李是怎么汇报的呢?小李说:"张总,您说的那款型号的打印机已经卖完了,不过我还想了其他办法:第一种,可以选择其他品牌,比如同等价格的惠普服务更多,同等功能的松下价格更低;第二种,外包给楼下的广告公司,打印量大还可以优惠,我已经和他们聊过价格;第三种,我们可以选择租赁的形式,再也不用担心打印机的维修问题;第四种,修好现在的打印机,费用我也问过了;第五种,延迟购买,国庆节、元旦期间各个商家都会有促销活动,还有以旧换新的活动,到那个时候再买更优惠。我的建议是先外包,等国庆节再买新的,既可节约时间,还能降低公司的成本。是否可行,最后请张总您定夺。"

小李的汇报方式是给张总提供选择题,他提供了若干可行方案,让领导决策,而不是像小刘那样把问题甩给领导。小李这样的员工,在自己的岗位上,能够做到输出应有的结果,让领导大大降低自身的时间和精力损耗。所以,优秀的员工能够做好自己的本职工作,不让领导操心;而许多员工会在这方面大打折扣,把本该自己解决的问题甩给别人。

李嘉诚说:"当你提出困难时,请你提出解决方法,然后告诉我哪一个解决方法最好。"请把这句话写到便笺上,贴在办公桌最显眼的位置,让它时时刻刻提醒你、激励你、帮助你。

▷ 管好自己的猴子,别让它乱跳

有些管理者常常觉得有忙不完的事、干不完的活,一天到晚,事情特别多,也非常累。例如,曾经有一家企业的部门经理,手下有十几个员工,一天早上开晨会时把所有的工作逐一给张三、李四、王五等人交代下去,认为大家会很好地完成。第二天早上,部门经理心情愉悦地来上班,刚进办公室,张三就找到他,说:"经理,你看昨天是你安排的这个事情,应该怎么去处理?"部门经理就说:"嗯,这个问题嘛,我考虑考虑。"此后部门经理的工作就处于一种非常焦虑、忙碌和混乱的状态,因为他说了"考虑考虑",张三就再也不考虑了。不仅如此,李四、王五也把工作以同样方式甩给了部门经理。其实,这位部门经理的做法,完全呈现出一种逆向管理的状态。

逆向管理的本质是领导被员工安排做一些事情,这是最可怕的一个职场陷阱。

事实上,领导知道员工在干什么、知道员工做到什么程度、员工对做完的工作进行结果反馈,这才是正常的事前、事中、事后领导对下属的监督。员工需要把领导安排的工作,想尽一切办法呈现结果,以终为始,根据结果来倒推工作流程,才能够完成领导布置的工作。这种思考的过程和方式,是结果思维,是职场中需要的。

所以,当我们在工作中遇到问题的时候,首先要进行有效的自我思考,至少带着更多的思考、若干答案去见领导。

有一次我到山东讲公开课,正在紧张备课的时候,助理跑来问:"齐老师,我们应该找一个什么样的会场?"我问他:"你说呢?"助理说:"应该找一个交通比较方便的地方。"我又问:"还有呢?"他回答说:"应该找一个公交站牌比较多的地方。"我不断追问"还有呢",助理也不断发表自己的看法,他说:"应该找一个餐饮比较方便的地方。""应该找一个设备比较好用,会议室没有柱子的地方。""应该找一个桌椅比较新的,采光比较好的地方。"直到最后助理说"没有了",我说:"那就去干吧。"

就这样反复几次,助理把工作做得井井有条,我们的合作也就流畅了很多。在这个过程中,其实验证的不是人的能力问题,而是心态的问题,是思维的问题。

综上所述,当你遇到问题的时候,首先要全力以赴地进行自我思考。先问自己:我怎么看?还有没有问题?再基于问题给出解决方案,从而真正地提升自我。每个职场人,都应该有意识地去锻炼自己的结果思维能力。

03 别再靠嘴说，我们要的是结果

📝 本节落地措施

1. 知识点_____

2. 措施（至少三条）

（1）_____

（2）_____

（3）_____

3. 承诺_____

你的月结果就是你的工资单

▷ 你就是卖结果的人

一个人在职场上能拿多少钱，最主要的是在这个月当中创造了什么样的绩效和结果。

工作当中，**领导安排的通常是任务，而期待的是结果。**

任务和结果有本质的区别。任务通常在做完了以后没有输出有价值的东西。领导安排的工作，绝大部分是任务。**而员工需要把任务转化成结果，然后再去行动。**我们每月的结果累计，最终需要和企业打包结算，这个交易的过程，其实就是上班的过程。进一步说，我们的月工资，对应的就是月结果。

所有的任务都有特点。总结下来，可以概括为以下三点。

第一，关注行动本身。

任务关注行动本身，而不太关注最终会产生什么、为什么要采取这样的行动、下一步做什么。要完成我们的任务，不需要思考，只注重一件事情，就是是否行动了，把自己做了的或是参与的事情当成交付任务的一个根基。在这个过程当中，太多人的潜台词就是反正我做了——我按照你说的去考虑了，也按照你说的去行动了，我也对职责进行梳理了。

第二，关注过程。

比如前面提到的种树的案例。案例中的二位只关注自己的岗位职责和工作流程去挖坑、填土，完成任务的整个过程虽然很辛苦，但最终的结果毫无价值。

第三，关注态度。

当你任务完成得不好的时候，最好的态度就是承认错误。

所有的结果也有其特点，总结起来也是三点。

第一，有用。

结果必须要有用。比如，我们去超市买牛奶，比较关注牛奶的生产日期，要看一下对方提交结果的时间。你让小李提交2019年工作计划，结果到了2020年小李还没有提交，错过了时间，即便他工作计划做得再好也已经失去意义了。

所以，有用包含两个维度。第一个是在时间维度上，有些事情一旦超过时限就没有价值了。任务必须在有效时间内完成，才能保证它的有用性。

第二个维度叫作被需要。你的工作结果在时间上满足了要求，但是一文不值，这个结果就不是我们想要的。另外，员工做的事情，领导想要10分，而最终做的只有2分，员工所创造的价值量就迅速衰减。

第二，有据。

有据就是要有证据，能证明你做了这件事。证据最好是能看得见、摸得着，可以被考核与衡量的东西。

比如，员工说去了解客户的基本信息，那么员工回来以后提交的客户基本信息表或客户档案就是证据。

第三，有定义。

山东临沂一家商贸企业的销售经理李先生向领导汇报工作，要提交200个意向客户。提交200个意向客户，这是销售经理的结果定义，而领导关注的是结果定义是和销售经理一致的吗？管营销的张副总说："在我看来，意向客户都是比较靠谱的客户，是很快就能签约成交的客户。"而李经理"200个意向客户"的意思其实是"提交200个客户的电话"，"这些客户可以跟进和维护，所以称之为意向客户"。

营销副总觉得意向客户是马上要成交的客户，销售经理觉得有联系方式且可以跟进的就是意向客户。这就是上下级对于结果的定义出现歧止而导致的理解偏差。

还有的企业存在这样的情况。比如说销售额50万元，有的公司定义为标的额50万元，有的公司则定义为回款50万元，还有的公司定义为发货50万元……同样一句"销售额50万元"，在公司内部的认知就有这么多理解。所以，对于结果的定义必须是一致的，意向客户是什么、销售额50万元是什么，必须有明确的定义，这是企业正常运营的基础。

综上所述，任务和结果是有重要区别的。所有员工的结果累积起来，就是企业最值钱的价值，企业会拿出一部分价值以工资的形式回馈给每个员工作为创造成果的回报，这就是员工需要创造的结果和价值。

▷ **强化结果思维，凡事先梳理结果**

每件事情实际上都有结果，而且可以按照不同阶段梳理出不同的结果。有用、有据、有定义是结果的三大要素，其中最难做到的是有据，我们要思考怎样才能输出可衡量的、准确的、可以被检验的结果。比如拜访客户，就可以按照不同阶段梳理出五个结果：第一次拜访，提交客户基本信息表；第二次拜访，提交客户需求分析报告；第三次拜访，提交协议或合同；第四次拜访，

03　别再靠嘴说，我们要的是结果

回款；第五次拜访，转介绍，即客户拿着自己的人格担保去做转介绍，这是对你最大程度的认可，也是售后的最高价值。这样梳理过后，工作的每个阶段都有可以被检验的结果，从而可以不断地强化自己的结果思维。

总结一下结果的三大要素可以发现：有用，是结果的接受方说了算的，大部分情况下接受方是领导，还有一部分是其他配合你工作的部门、同事；有据，就是必须要有"证据"证明你做了这件事；有定义，是指你输出的和对方的理解必须是一致的，彼此在一个层面上。请你在这三个维度上下功夫，看一下你做的工作有没有偏离这三个维度。

只有结果才能彰显一个人的价值和意义。人的成长需要结果的累计，公司的壮大需要结果的递增，社会的进步也需要结果的组合，国家的繁荣更需要结果的精益求精。结果是一个无可逃避的话题，让我们找到取得结果的路径，多输出结果，在未来的职业生涯道路上走得更加持久和稳健。

你可以使用岗位职责转化表（如表3-4所示）来进行梳理，强化自己的结果思维。

表3-4　岗位职责转化表

我的岗位职责	具体工作内容	结果定义
1.		
2.		
3.		
4.		

◤ 本节落地措施

1. 知识点 _____

2. 措施（至少三条）

（1）_____

（2）_____

（3）_____

3. 承诺 _____

03 别再靠嘴说，我们要的是结果

别只求完美，先做好最基本的再说

▷ 完美的前提是基本思维

很多人在工作当中，总是会不自觉地追求完美，力求寻找完美的方式和方法来解决问题。这样做忽略了一个最重要的内容，即这件事情的成立需要符合哪些最基础的标准和要求。

最基本的要求，恰恰也是最核心的，是支撑这件事情成立的最基本标准。就像一张桌子需要有四条腿来支撑一样，四条腿就是它的基本要求，否则这张桌子就不叫桌子了。我们做任何一件事，都要优先考虑底线。如果失去底线，所有的设想将会站不住脚，所有我们希望的、想象的结果，都将失去意义。

北京一家事业单位每年都会做一系列的公益活动。有一年植树节，工会开展公益的植树活动，负责人事先考虑了各种各样的细节，流程方面也精益求精，比如给员工准备各种各样的饮料、准备了手套、准备了各种娱乐活动、在车上安排各种节目。前去植树的路上，所有人都非常开心，一路欢声笑语。但打开车门的瞬间，所有人都傻眼了，因为没带树苗。

去植树不带树苗，最基本的要求都没有做到，其他想得再多、再完美，又有什么意义呢？这个单位此后形成了更严谨的工作流程：事前先设计结果，并且罗列实现这个结果需要的最基本的要素，然后把这些基本要素作为工作重点去展开，安排

检查者和执行者对结果进行监测和落实，事前承诺和公示，确保结果扎实而稳健。

我们如果连最基本的要求都做不到，那想象得再完美又有什么意义呢？底线是最基本的，它会告诉我们执行时的方向、执行时的行为原则。这种做事的思维方式可称为基本思维。基本思维就是最原始、最基础的东西，失去了它，整件事情就不复存在。

▷ 基本是保障，完美是想象

基本思维是企业发展的基础，也是职场人工作的重要思维方式。

比如请客吃饭，最基本的是别忘带钱；出差，最基本的是别忘带身份证；驾驶车辆，最基本的是安全；结婚，最基本的不是房子、车子、票子，而是得有两个人。完美是在最基本事物的基础之上想象和衍生出来的，所以，凡事不要舍本逐末，要牢记最基本的东西。

在工作当中，不要先想象一个极度完美的结果，需要先把最基础的做好。基础做好了，如果还有时间和精力，再去将其完善到更加卓越的程度，向着五星结果去靠近。所以，在做事情之前，首先要思考的是"最基本的是什么"，这是非常重要的问题。

一家企业在招聘司机，曾经有三个司机来面试，负责面试的领导出了一道题：他把一份很重要的文件放在离悬崖只有30厘米的地方，谁能够以最快的速度把文件拿回来就录取谁。

第一个司机说自己开车经验非常丰富，开了30年的车，什么车都开过，什么事故都没有出过，他会在距离悬崖边10厘米

03 别再靠嘴说,我们要的是结果

的地方将车停下,以最快的速度把文件拿回来。

第二个司机说自己也没问题,不仅能够在距离悬崖 10 厘米的地方将车停住,而且能够保证开车的速度比第一个司机更快,能把车子开到极限速度,再把东西拿回来。

第三位司机说自己会把车离得悬崖边远远的,然后自己走过去拿文件。如果发现有危险就离开,想必领导宁可不要这份文件,因为安全对司机来讲才是最重要的。

最终,第三位司机被录用了。因为安全就是司机开车的基本底线。很多人在开车时喜欢追求速度,追求刺激感,还有人喜欢表现自己的驾驶技术,而他们恰恰忽略了驾驶最基本的要素——安全。

▷ **速度比完美更重要**

不追求完美并不代表不思进取,恰恰相反,这是一种对工作负责任的表现,是懂得结合实际的表现。因为很多事情根本就没有完美,即便有,获得其结果的时间成本和资源消耗都是非常高的。所以我们不如先着手去做,快速上手,稳住底线结果,然后在基本结果的基础上再进一步完善。

时间是一个很重要的维度,很多时候,需要用更快的速度、更短的时间,去争取更多的机会,而不是奢望邂逅完美。

◪ **本节落地措施**

1. 知识点_____

2. 措施（至少三条）

（1）_____

（2）_____

（3）_____

3. 承诺_____

04

要让领导赏识，就要这样做

04 要让领导赏识，就要这样做

接受指令，这样做领导就放心

▷ 不是听完就行

我们在工作中，经常会有接受领导指令的情况。

接受领导指令后，员工通常会有如下感受：觉得自己已经理解了领导安排的工作意图，但提交结果的时候，才知道根本不是自己理解的那样；接受领导安排工作后，一直不放心，经常追问，生怕出现什么纰漏；自己对任务的理解，总是和领导的意图无法契合，存在偏差或分歧；接受领导工作安排后总是叹口气，甚至有的时候直接想让别人去做；接到领导指令后，总是想问些什么，却又不知道如何去问。

在员工接受指令后，能够保质保量地去完成任务，是领导最关注的，也是作为员工的主要职责和职能。

员工高质量接受指令有以下三个显著标准。

第一，让领导放心。

接受指令后，让领导相信你一定可以完成，对你完成任务充满信心，毫不怀疑。领导相信你会去做，会努力做，相信你可以做好，自然就会放心。这个过程就是帮领导分忧的过程，领导安排完工作，就不用再为这些已经被安排出去的事情操心了，无须再挂念这件事情的进展和完成情况，对你做这件事非常放心。这种境界是领导所需要的。

第二，让领导开心。

当你在接受指令并复述指令的时候，领导的面部表情变得很愉悦、很开心，不断地重复"对，对，对""就这样""是的，是的"这样的话，说明你已经充分理解领导的意图，大大节约了与领导的沟通成本。这个境界的指令接受，会让领导精神状态大好，从而迸发出更多的灵感和创意。

第三，让领导清心。

在领导下达指令的过程中，所有的疑虑都被你一个一个地清理并解决掉。领导安排完任务后，可以不再被打扰，也可以不再操心，全心全意地去做自己该做的事情。领导对此任务再心无惦记，静等开花结果。

▷ 万能钥匙让你更靠谱

接受领导的指令后，执行速度不是第一位的——立即采取行动，并不是最好的选择。因为看似执行得很快，但最终提交的结果往往和领导想要的结果相差甚远。导致这种情况出现的原因，不是自己的态度不端正，而是在接受指令后欠缺科学的执行方法，最终与领导预期的结果产生偏差。

为了避免出现这种情况，我们可以采用复述承诺法。复述承诺法可分成以下两个步骤。

第一步，复述。

领导安排完工作，员工第一时间将领导的指令进行复述。这一步骤看似简单，但是在接受指令的过程中非常关键，因为这是执行的方向。方向一错，执行得再好，只会离领导想要的结果越来越远，再多努力都是徒劳的，正所谓"方向不对，努力白费"。其实不仅努力白费，还会错过很多良机。所

04 要让领导赏识，就要这样做

以，复述是很有必要的，目的就是对指令的再次确认，保证领导安排的工作和你要做的工作相一致。

复述的过程其实就是对标（即双方通过沟通建立联系，最终达成一致）的过程。

曾经有一个领导安排自己的下属小王去买竹竿，因为夏天蚊子多，要用竹竿撑蚊帐。小王跑到菜市场买了块猪肝，卖猪肝的老板听说是给领导买的，还多送了一个猪耳朵。回来提交结果的时候，小王把猪肝交给领导，把猪耳朵藏起来准备独吞。领导一看是猪肝，当然很生气，拍着桌子训斥说："小王啊，你怎么回事，我让你买竹竿，你怎么买了猪肝回来了，你干吗呢？你耳朵跑哪去了？"小王一听，紧接着把藏起来的猪耳朵拿了出来，说："耳朵在这儿呢！"

当然，这是一个笑话，但说明两个人之间的沟通出现了偏差。这样的事情在工作中其实屡见不鲜。领导安排的和你要做的是否聚焦在同一个问题上，这是员工在接受领导指令的时候，需要考虑的第一个问题。

第二步，承诺。

接到领导指令以后，员工的承诺决定了领导对做好这件事的信心和放心程度。如果你在工作中，经常是接到领导的指令而不愿做承诺，那么时间长了，领导会觉得把任务交给你不放心，其实就在领导心里留下了隐患——领导始终会担心你不能完成行务。

现实中有一个这样的例子。领导给小张安排一项工作：本周末将上周的客户欠款和回款统计到位。小张说，领导放心，明天下午就能提交给你。领导有些担心，又问了小张一遍能不能完成任务。小张说，没问题，领导放心吧，一定可以完成。

领导还是有点担心，再次追问小张到底能不能完成。小张说，领导你还不相信我吗，我都跟了你十几年了，相信我一定可以把事情做好，一定可以完成。领导又问，万一完不成怎么办？小张回答说，不可能完不成。最后领导还是想让小张给个承诺，小张说了一句："万一完不成，我就接着干呗！"

从上述对话可以看出，在整个沟通过程中，小张都不敢做出有效的承诺以打消领导的顾虑。

承诺是需要自己主动去做的。小张不敢承诺和小张敢于承诺，给领导的感觉是不一样的。如果小张说，领导您放心，这件事我一定可以完成，如果完不成我自愿花500元给大家买水果。领导对交给小张的任务就比较有信心了，觉得小张一定可以完成。

所以，在接受领导指令的过程中，应牢记复述承诺法，一复述，二承诺。

▷ 接受指令小锦囊

员工在接受领导指令的过程中，还要注意以下三个原则。

第一个原则：态度要好。 接受领导指令时，如果你表现得满不在乎、心不在焉，领导会觉得这件事情你未必能做好。所以接受指令的时候，虽然不能说要毕恭毕敬，至少也要心存敬畏。态度要真诚，做事要认真，虚心接受指令。

第二个原则：思路要对。 你要主动提出做这件事情要采取的方法和应对思路。如果有时间，有必要向领导汇报一下自己接下来的工作安排，让领导心中有数。

第三个原则：反馈要准。 接受指令的时候，员工要阐明反馈节点。在工作进行过程中，主动向领导进行反馈，而不是被动地等待领导催要结果。

▷ 三大内功技巧

在接受领导指令的时候，有三大内功技巧，可以帮助你事半功倍。

第一个内功：听清结果略过程。

接受指令时要听清领导想要的结果，抓住中心思想，把握关键环节。这才是"听"这一过程所要求的。一位领导曾让员工帮他去新华书店买本书，员工一直在问他怎么去新华书店，结果等到了新华书店时，那本书刚刚卖完。

在接受指令的时候，应听懂领导安排的工作结果。上述案例中买本什么书是结果定义；作为任务的执行者，锁定结果定义，就可以用自己的方法去灵活实现。总之，围绕结果定义去展开工作，会有各种各样的方法，而不一定是按领导所说的过程去实现。

领导想要的，不是买书的过程，而是需要的书。领导说去新华书店买也是领导的一种意愿，并不是唯一的实现方式。所以，把结果搞清楚，思路自然就开阔了。你也可以向领导汇报自己的想法，或许比领导提供的方法还要好。

听清结果略过程，就会有多种方法去完成工作。有时我们过于在乎过程，往往忽略了最终结果。听清楚领导最终想要的，也就是说当结果定义一致的时候再去想过程，工作内容就会变得比较简单。

第二个内功：问清结果更轻松。

我们首先要清楚地知道领导想要什么，否则就不行动。

例如，领导安排小齐去写一份公司的年度总结："小齐啊，你来公司也有一段时间了，对公司也有些了解了。你用点时间和精力，做一份整个公司的年度总结报告，我要拿着你这份报告在会上发言！"

第一次接到这样的指令，而且是个很重要的任务，小齐深知，需要耗费很多的时间和精力才能做好。于是接下来就加班、忙碌，采访老员工、搜集公司新闻和图文素材，连着几天熬夜赶工，小于洋洋洒洒地写了一万多字，而且图文并茂，还挑选了最漂亮的稿纸，选择最有个性的字体，每个标点符号都认真斟酌，力求做到尽善尽美。

但是，当小齐敲开领导办公室的门，小心翼翼地把总结报告交到领导手上的时候，领导说了一句话："小齐啊，不用这么麻烦。明天再写一份吧，用普通的A4纸打出来，有个几百字就可以了。"

小齐要知道领导想要的只是一份几百字的讲稿，又何必熬夜赶工呢，用不了一小时就可以搞定。就是因为小齐没有问清结果，不明白领导真正想要的，才导致耗时耗力，最后费力不讨好。

第三个内功：听懂意思再行动。

这里说的"听懂意思"，就是领导安排的工作，在不同的情境里的含义。

领导的两个同学来企业，领导让小张订酒店。小张在领导同学在场的情况下问领导，订什么标准的酒店和房间，领导回答说要"最好的酒店，最好的房间"。结果第二天领导都要哭了，因为小张订的是五星级酒店的总统套房。领导问怎么回事，小张说领导让订最好的酒店最好的房间。领导扔下一句话："我说的最好就是一般的意思。"

时隔两个月，美国两个大客户来企业谈合作，合同签订完毕，领导让小张订酒店，小张又问了同样的问题，领导回答说："要最好的酒店最好的房间。"小张最后订了一间家庭旅馆。客户和领导都很崩溃。

虽然都是"最好的"，但领导内心的诉求却区别很大。

如何解决这个问题呢？员工最好有悟性，情商高；如果没有，可以用机制解决，由企业制定招待标准。或者提前和领导达成共识：只说一遍"最好的"就是"一般"的意思；如果连说两遍，就真的是要最好的。

综上所述，对于上述三种结果定义员工要做到心中有数，在工作中接受领导指令时才会真正地理解指令的真正含义。

本节落地措施

1. 知识点_____
2. 措施（至少三条）
（1）_____
（2）_____
（3）_____
3. 承诺_____

不懂反馈，领导很累

▷ **不反馈就被动，反馈检查趋平衡**

工作当中，员工除了要事前承诺，在完成任务过程中，最好也让领导随时了解工作进度。要知道，反馈是一种非常重要的职业素养。

只要基层的主动反馈质量足够高，节点把握足够好，领导是可以不用检查的。领导的检查属于一种被动反馈，因为领导不清楚下属的工作进度，急需了解情况，所以只能自己去检查。归根究底还是下属的反馈没有做到位。

反馈和检查属于相对应的两个系统，相互补充，最终趋于平衡。反馈少了，检查自然多；反馈多了，检查就可以减少。

山东潍坊一家企业的领导安排财务经理准备一份财务报表，几天之后他要参加一个很重要的风投会议。工作安排完领导就走了。后来领导总是觉得有一件很重要的事还没落实，苦思冥想后，终于想起来是自己要去参加一个重要的风投会议，安排财务经理整理一份财务报表。

想到这里，领导如释重负，想想会议时间快到了，却迟迟不见财务报表，就拿起手机给财务经理打电话，但对方电话关机了。第二天上班，领导一早就找到财务经理，问道："安排你做的报表做完了没有？"财务经理非常淡定地说"做完了"，领导问他报表在哪里，财务经理说在自己办公桌的抽屉里放着。领导有点急了："做完了为什么不交给我？"财务经理漫不经心地说："你也没跟我要啊！"

这就是典型的因反馈不到位而引发的问题。要知道，领导安排的工作完成之后主动提交、主动反馈结果，这是最基本的职业素养。

▷ 反馈的六大时机

职场反馈非常重要，但是也要把握好尺度，不能太少，也不可过多。什么时间反馈、反馈什么内容，才是反馈的重点。

既然反馈如此重要，那么什么时间反馈才算恰到好处，从而让我们的反馈更有价值呢？以下我来介绍反馈的六大时机。

第一时机：执行完成后第一时间反馈。

工作做完了，第一时间就要给领导反馈。领导安排让你发快递、发会议通知、联系客户……这些事做完后都需要在第一时间向领导反馈。

其实，不仅在工作当中，在生活中也是如此。如果你的朋友给你打电话时你不方便接，那在之后要第一时间回复；如果家人给你打电话，因为你正在工作没有及时接到，看见以后要第一时间回复。所以，执行完成后第一时间反馈，就是反馈的第一时机。

第二时机：阶段性结果完成，第一时间反馈。

因为有些工作周期很长，如半年甚至更长，那我们就必须把整个工作过程划分为几个节点，按照节点的阶段性结果进行反馈。

阶段的划分，可以按照时间节点，也可以按照进度节点。

比如说盖楼，打完地基检查，盖完一层检查一层。总之，要根据不同的项目进度进行有效的反馈。

节点反馈有两个目的：一是让自己放心，知道自己工作的方向是对的；二是衡量完成进度。

第三时机：执行遇到问题后第一时间反馈。

在工作过程中，如果没有取得阶段性结果，就不反馈了吗？显然不行。如果在执行过程中遇到了问题，不知道该如何决策，就必须将你遇到的困难第一时间反馈给领导，让领导来做决策。需要你做的，是思考过后给领导提出几种可行性方案，让领导做选择题。

所以，在执行过程中如果遇到困难，不仅要及时反馈，而且要带着若干参考答案进行反馈。

第四时机：执行中遇到更好的资源，第一时间反馈。

比如在与客户沟通时发现客户的财务人员与其他供应商吵架，细问才知道，是因为客户回款周期太长，这个信息需要立即向公司反馈，确认此业务是否要继续。

第五时机：重点反馈。

领导安排工作时，会特意强调那些自己最担心的环节，因为害怕出现意外情况。重点反馈的目的，就是消除领导的疑虑。所以，列出领导最担心的环节，执行完成后，第一时间反馈，让领导彻底放心。

这样做需要换位思考，因为领导可能不会明确说出自己的担心。此时就需要你站在领导的角度去思考整件事最容易出错的地方，这个也是执行过程中的重点。

就像我们开车，眼睛不需要一直盯着导航，因为通常在即将拐弯或出现岔路时候最容易走错路，那时才需要看。工作也是如此，在领导最担心、最可能出错的环节，及时向领导反馈，才能让领导放心。这就是重点反馈。

第六时机：例行反馈。

所谓"例行反馈"，是指既没有到阶段性节点，又没有遇到问题，也没到领导担心的可能的时间节点，更没到完成任务的时候，尽管如此，还是需要例行反馈。

很多企业有这样的制度规定，在领导分配任务后的24小时或48小时要开会进行反馈，这就是例行反馈。例行反馈的时间可以根据企业情况和项目状况自行设定。

总之，以上六个反馈的时机，是员工进行主动反馈的标尺。

> **本节落地措施**
>
> 1. 知识点 _____
> 2. 措施（至少三条）
>   （1）_____
>   （2）_____
>   （3）_____
> 3. 承诺 _____

这样做汇报，领导一定笑

▷ 揭开汇报的四大死穴

我们在工作中有很多情况都需要向领导汇报。汇报工作的过程，其实就是把工作结果提交给领导，或者让领导做决策的过程。除此之外，有的时候还需要让领导给予反馈和点评。汇报工作，是为了让领导了解真实情况，把握重点，这是工作汇报所要达到的目的。

为什么有些人汇报工作简洁高效，而有些人的汇报则让人摸不着头脑呢？因为很多人触犯了汇报工作的禁忌，概括来说，会出现以下四个问题。

第一，没有结论。

在汇报工作时，常常会出现这样的情形：有员工说了一大段话，领导却根本没听懂——陈述太多却并没有给出结论。你想表达的结论是什么、你想表达的中心思想是什么，应该在汇报时明确无误地告诉领导。而在汇报工作时，结论不明也会浪费所有人的时间。

第二，没有逻辑。

很多人在汇报工作时，虽然能表达出汇报重点和结论，但是听汇报的人听不出和当前工作之间的关系，令人摸不着头脑——没用的废话，领导听了只会觉得和主题信息毫不相关。

所以，用什么来支撑结论、用什么来支撑重点内容、用什么来支持关键要素和中心思想，在汇报时都需要梳理清楚。汇报完重点后，还要说明来龙去脉。这才是汇报的逻辑性。

第三，没有重点。

如果员工汇报工作时将内容归纳得太过细致，估计领导听了一半就直接头大了，根本没有兴趣和耐心听完。因为要点太多其实就等于没有要点，牵扯的内容过多，就需要花费更多的时间和精力去梳理，这就不是汇报工作了。

所以，在汇报的过程中，如果内容太多的话，应该只讲重点。你可以采用汇总法：将所有内容概括总结，汇总到一个大"篮子"里，只汇报"篮子"；也可用删除法：无关紧要的事、自己能做决定的事干脆就不汇报了。

第四，没有排序。

很多人汇报工作时语无伦次，说了很多，可能有重点，也有逻辑，要点也比较清楚，但是没有主次，分不出轻重缓急。而按照什么顺序来汇报，是相当重要的。

▷ 工作汇报的四大绝招：论、类、顺、序

工作汇报一定要符合人们的普遍认知和记忆规律，可以采用"论、类、顺、序"的逻辑结构来进行汇报。结构性汇报如图4-1所示，表现为如下四个特点。

第一，先结论。

汇报工作时应该先说结论。

做到"先结论"，脑子里必须要先有一张图，这张图的结构为：首先是情景交代，就是图4-1中的序言部分，主要是交代汇报的背景；紧接着就是大写的英文单词"G"的部分，代表

你要表达的中心思想或者目标，可以称为Goal；再往下可以分为A、B、C；A下面分为A1、A2、A3，B下面分为B1、B2、B3，C下面分为C1、C2、C3。按照这样的结构图来呈现你的汇报，会更清晰，也更有条理。

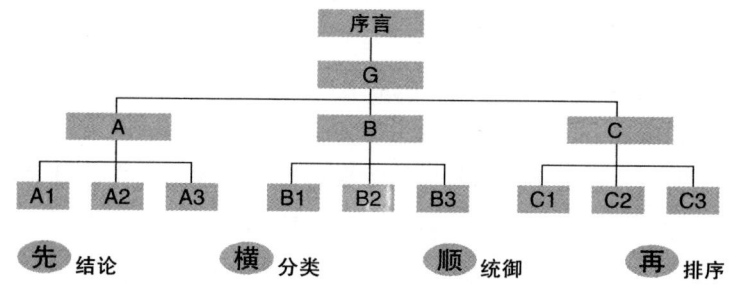

图4-1 结构性汇报示意图

第二，横分类。

如果汇报内容要素太多，节点太多，就必须对相关内容进行有效分类，即为横分类。比如，超市会分为酒水区、衣帽区、生鲜区等，目的是让购物者选择商品更加便捷。

化妆品行业的分类是非常详细的。每年化妆品行业能够创造数百亿美元的利润，因为整个化妆品行业对女人的脸进行了有效的分区，对护肤程序进行了分步，比如说面部、唇部、眼部等；比如说用去角质洗面奶洗完后，要拍爽肤水或者柔肤水，再用精华、乳液、霜、彩妆……一层一层往上叠加。这些精细的分类和分步，每年从女人的脸上赚足了钞票，创造了巨量的商业价值。

所以，横分类不只让汇报更加精细和高效，还能提升汇报的价值感，让人觉得有所收获。

第三，顺统御。

顺是指纵向关系、垂直关系。在图 4-1 中，G 等于 A 加 B 加 C。多一个太多，显得凌乱；少一个太少，显得单薄。主题 G 中包含 A、B、C 所有的关键词，每段的关键词在主题当中都能找到一些映射，这样才成系统。

第四，再排序。

排序指的是在一个类别里，各个要素之间的顺序如何处理的问题。排序是为中心思想服务的，做不好排序，给人的感觉就很混乱，别人接受起来的难度也会增大。

我们在汇报时需要进行有效排序，而且一定要以最终的目标和结论为中心。不同的排序会使你表达的内容发生变化，"屡战屡败"和"屡败屡战"就不一样，前者一听就是水平和能力比较差，而后者则体现出一种韧性和毅力。可能说的是同一个人，但一个比较负面，一个则比较正面。所以，排序不同，给人的感觉是不一样的。

▷ 结构化汇报的高效、清晰助你一臂之力

结构化汇报的方式，应符合四个特点，即先结论、横分类、顺统御、再排序。 具备这四个特点的工作汇报，是符合人们大脑的接受规律和逻辑的，可以清晰地呈现结论和论据，让人一听就懂。

结构性汇报的意义，除了避免混乱，还更加高效。因为结论是首先表达出来的，如果领导没时间，你也可以只说结论。你甚至可以在汇报标题中就说明结论，然后再罗列事实和数据，这样的资料递给领导，领导有时间就都看看，没时间只看标题

也能了解个大概。

企业一般到年底都会做一件事情，就是写总结、订计划。总结也符合结构性汇报的特点。很多人的总结标题直接写"××年工作总结"，乍一看领导不知道你写的内容是什么。其实，工作总结的标题可包含一年所做的工作及对未来的展望。例如，2020年人力资源部做了两项很重要的工作，就是绩效改革和薪酬完善，你就可以这样写总结标题：绩效改革、薪酬完善促进公司卓越发展——2020年工作总结。

我们在写总结、订计划的时候，一定要让标题包含正文的关键词。把关键词梳理清楚，接下来每一个关键词都自成一段，每一段都由一个短句开始，接下来的文字都用来解释这个短语。这样做的结果，呈现出来的每一段的段首句都是短语、都包含一个关键词，这些关键词在标题当中都能找到，这就符合结构化特点。

◣ 本节落地措施

1. 知识点＿＿＿＿＿＿＿＿＿＿＿＿＿＿＿＿＿＿＿＿＿＿＿
2. 措施（至少三条）
（1）＿＿＿＿＿＿＿＿＿＿＿＿＿＿＿＿＿＿＿＿＿＿＿＿＿
（2）＿＿＿＿＿＿＿＿＿＿＿＿＿＿＿＿＿＿＿＿＿＿＿＿＿
（3）＿＿＿＿＿＿＿＿＿＿＿＿＿＿＿＿＿＿＿＿＿＿＿＿＿
3. 承诺＿＿＿＿＿＿＿＿＿＿＿＿＿＿＿＿＿＿＿＿＿＿＿＿

04 要让领导赏识，就要这样做

我要的是建议，不是意见

▷ 建议和意见，积极应对还是消极应付

"建议"和"意见"两个词经常被我们使用，但意思有所区别。建议是提供自己解决问题的看法和思路，以及解决问题的方法；而意见是就当前问题表达自己的想法或评价，大多数时候不带有解决方法，只是单纯地表达个人评论。

很多人天天抱怨企业不好，抱怨老板不好，抱怨市场环境不好，抱怨产品不好，总之是满腹牢骚。他们经常向其他同事传播这种怨念，但就是不离职。这种人在我看来，是职场中最可怜的人。

这种人只是天天抱怨，既不接受现状，也不去想办法改善，其实对于自己而言无异于一种折磨。生活中的问题，其实有两个方法可以解决：一个叫放下，一个叫接受。最可怕的就是这些可怜人，既不放下也不接受，天天把自己最不喜欢的事物挂在嘴边，内心非常难受。

如果只是看着问题而不去想办法解决问题，甚至没有解决问题的意识，那么抱怨就一文不值。试问哪家企业没有问题？哪个组织没有问题？哪个行业没有问题？哪个家庭没有问题？

只要有人的地方，就一定有问题。但是，问题本身并不可怕，可怕的是对问题的判断和应对方法出了问题。

所以，遇到问题，你要直接面对，接受现状。只要针对事实，梳理出解决方法，这些问题都是很容易被解决的。如果总是在无形中把问题放大，觉得这个问题很严重，复杂得让人无从下手，你将失去思考和解决问题的能力，严重者就会形成习得性无助。

不要做最可怜的人，**如果现状无法改变，就去接受它；如果现状可以改变，就拿出具体思路和方法。**任何企业都有问题，正是因为有问题，才招聘你来解决。只知抱怨、满腹牢骚的人，注定要被淘汰。其实，有问题就有机会，能解决问题就有升职空间。而问题解决的第一步，是坚信这个问题是可以解决的，然后想尽办法去解决。

▷ 别只解决问题了，做好预防吧

在华为有这样一句话：小建议，大奖励；大建议，只鼓励。其实强调的是预防问题。企业不需要彻头彻尾地去变革，而是需要把问题扼杀在萌芽状态，在问题还没有出现或造成严重后果的时候就去解决。

而很多企业不一样。每个人都提了一桶水等待火灾的发生，火势小的时候谁也不上，火大了才上去救火，以凸显自己的能力与水平。

对于如何预防和解决问题，很多企业会想方设法地调动大家的积极性，为企业献计献策。济南一家汽车配件公司就规定，每个人每个月都需要提出针对企业发展的9条合理化建议。领导会认真地看每一条建议，还会对建议进行评分和评奖。事实证明，这条规定实行一年多以来，为企业发展提供了很多有效的帮助，既降低了成本，优化了流程，拓展了生产规模，也预防了不少风险的发生。

综上所述，在企业发展的过程中，我们要为企业的事业贡献智慧，提出合理化的建议，而不是只提意见。

▷ 意外的事也能预防

现实中**有例行事件，有例外事件，也有意外事件**。例行事件，就是在意料之中且在计划之内的事件；例外事件，就是在意料之中但计划之外的事件；意外事件，就是在意料之外也在计划之外的事件。

上述这三类事件中，**例行事件**是靠流程、制度、工具去解决的，基本不靠人力去解决。这类事件就是每天按部就班去做的，属于生存类事件，一般不会出现太严重的问题。

有一些问题，是必须有人出面才能解决的，必须通过人力去控制，这就是**例外事件**。比如客户来访、客户投诉、办公场所停电等，这类事件也是现实中最容易出现问题的事件。我们在工作中，主要精力就应该放在这类事件的处理上，因为只有例外事件，才可被预见和预防。

而很多**意外事件**的发生，就是因为没有处理好例行事件和例外事件。现实中，我们不要把意外事件真的当成意料之外的事件，而要当成例外事件来处理。比如火灾，发生火灾是意外事件，但火灾绝不是凭空出现的——平时没有重视的隐患，在某个偶然时刻就会导致灾难发生。例行消防检查有没有做到位、发生关乎消防安全的事件处理得是否得当，都关系着一场意外的火灾会不会发生。

做好防范，实际上就是最大功劳。2008年汶川大地震时，四川桑枣中学两千多名师生无一伤亡。原因就在于，时任校长叶志平在接手学校时，为了预防地震，他把学校的教学危楼不断地加固，结果地震时他加固过的校舍没有倒塌！另外，叶志平还要求全校师生每周进行逃生演练，拿秒表去测算所有师生跑到操场的最快时间。所以当汶川大地震发生时，师生们熟练地从各处赶到操场，然后背靠着背整齐地围成一个圆圈坐好。

综上所述，问题的预防比问题的解决更有价值，重视例外事件，就能大幅度降低意外事件。所以，要多去预防，多去推测可能会出现的问题，再提前做好预防措施以预防问题的发生。你要做的，就是给领导多提供建议，少说意见，多做有价值的事。

▣ 本节落地措施

1. 知识点_____
2. 措施（至少三条）
（1）_____
（2）_____
（3）_____
3. 承诺_____

04 要让领导赏识，就要这样做

进入执行阶段，请坚决服从

▷ 服从是最基本的职业素养

工作中，有些人接到领导安排的工作，经常会讨价还价；有些下属把领导安排的事忘诸脑后，没有去做；还有一些人在做事的过程中遇到困难，干脆就放弃了。

在职场中，服从是一个人最基本的职业素养。接到领导的工作安排，第一时间去做，按节点反馈，有效地呈交结果，是正常的服从状态。

想要形成这种服从状态，首先应该树立服从意识。

说到服从，其实最令人印象深刻的是军人。新兵入伍后前几个月，都在做最基础的训练，比如站军姿、列队、整理内务等，这些基本动作和规范的训练，强化了新兵的服从意识，提升了部队的整体素养。

所以，如果你认为领导安排的工作有问题，应在去执行前与领导商量，或是提出更好的方案和对策。一旦进入执行阶段，就坚决地去执行。

▷ 服从的三大要素，让你的职业更精彩

树立服从意识离不开服从的三大要素。

第一，服从规则。

一个团队只有人人服从规则，才能够做到行为的一致和统一。人是社会性动物，规则广泛存在于社会之中，每个国家的法律、道德、风俗等，都有各自的规则，人们不管是主动还是被动，只有服从规则，才不致造成混乱。我们应强化个人的服从意识，提高秩序的稳定性以及办事效率。

作为职场人，首先要服从的就是规则，规则就是底线、高压线和红线。

第二，服从领导。

服从领导就是服从领导的安排。领导安排的事，都是经过思考的，有些安排可能你不明白其中的原因，但到了执行层面就没有讨价还价的余地。

很多事，实际上就是在不停商量的过程中错过了机会。现在的社会，不是大鱼吃小鱼，而是快鱼吃慢鱼——速度足够快，就能占领先机。所以，在领导给你安排任务后，不要再说"我以为""我感觉""我认为"，这些话都是不服从的标志，是职场中的忌讳。

第三，服从自己。

自我约束和管理，其实是最难做到的。一个人的思维会随着个人的想象延伸到很多领域，变得不受控制。服从自己，就是按自己的既定目标和计划行事，服从自己最初的想法。我们最初的想法有没有实现，就看整个过程中对于服从自己的这种自律性达到什么程度。

想锻炼身体的人很多，但能真正坚持下去的人很少；想减肥的人很多，真正能坚持靠自己的方法去减肥的人很少；想读书的人很多，但真正能每天坚持读书的人很少；想戒烟、戒酒的人很多，但真正能成功戒掉的人很少……

我们想要的很多，但能做成的事却很少。究其根源，就是没有真正去服从和践行既定的目标和计划安排。服从自己，正是自我管理的开始。

▷ 服从的黑洞，请识别清楚

只有服从管理，组织效率和企业效能才会提升，个人绩效也会增加。没有服从，一切都等于零。

领导安排的事情有的员工会因为服从意识问题忘记——服从，需要你第一时间去做，第一时间记下来，第一时间提醒自己。遇到困难，也会因为服从意识问题而放弃——安排的工作领导不重视、不在乎，领导没有着重提醒，没有三令五申去强调，所以工作不太重要。

请记住：领导安排的任何事情都有其作用，讲的每一句话其实都有用意。用心思考、关注领导说的每一句话，做好领导安排的每一件事情，这才叫服从。

在服从行为中，总有一些"我以为"的情景——服从黑洞。以下十种都属于服从黑洞。

· 这件事情领导没有强调，所以我不知道该不该做。

· 领导没有讲清楚，所以我根本不知道该怎么做，不做不很正常吗？

· 这事不赖我，主要是因为张三、李四、王五他们。

· 领导交代的事，当时还记得，但最近太忙，手头的事也很重要，就忘了。

- 领导到底说的是什么意思？算了，我根据自己的感觉来吧！
- 这件事情领导还没问，等问的时候再去做吧！
- 我要等领导告诉我怎么做，万一我做错了怎么办？得给自己留条后路。
- 领导要结果时，我再跟领导谈谈面临的主要困难。
- 领导安排的这项工作不重要，先放放，等等再说。
- 领导只是随便说说而已。

如果企业里经常出现上述这十种声音，说明团队的服从意识有大问题。

▶ 服从自测：服从的五种状态，你是哪一种

在服从过程中，有很多状态，我们可将其分为以下五种。

第一种，等着被叫去做。 很多工作都等着领导来安排。

第二种，主动问应该干什么。 这种状态比第一种好一些，但是这类员工根本不知道自己该干什么。

第三种，知道自己该干什么，并且开始行动，但是经常去汇报，做一点就汇报一下，让领导苦不堪言。

第四种，表示会立即行动，但需要支持。 不管提出的条件合理不合理，总之就是事还没做先要资源，为自己留好后路。

第五种，独立行动，然后按节点进行反馈。 这是比较理想的服从状态。

上述五种服从状态的层级是不一样的，第一种实际上是被

动等待，第二种是主动等待，第三种是在思考中等待，第四种是机械执行，第五种才是真正的执行和真正的服从。很显然，第五种状态才是最有价值的，才是领导需要的状态。

本节落地措施

1. 知识点＿＿＿＿＿＿＿＿＿＿＿＿＿＿＿＿＿＿＿＿＿

2. 措施（至少三条）

（1）＿＿＿＿＿＿＿＿＿＿＿＿＿＿＿＿＿＿＿＿＿＿

（2）＿＿＿＿＿＿＿＿＿＿＿＿＿＿＿＿＿＿＿＿＿＿

（3）＿＿＿＿＿＿＿＿＿＿＿＿＿＿＿＿＿＿＿＿＿＿

3. 承诺＿＿＿＿＿＿＿＿＿＿＿＿＿＿＿＿＿＿＿＿＿

05

和同事相处，换个思路更高效

05 和同事相处，换个思路更高效

你的感觉不重要，客户的评价才重要

▷ 客户标准是实线，你的感觉是虚线

工作结果决定了你在企业创造的价值，而价值的评价需要标准，这个标准就是客户的评价。

很多人认为自己的工作态度很好，流程做得也不错，做事很辛苦也非常努力，就很满足了，甚至觉得很成功了。

其实，在职场上，你的标准仅仅是自己的感觉，不是客观标准，也不是公平标准，更不是客户标准。如果缺少了客户标准，所有努力都是没有价值的。客户标准就是客户的评价，而客户评价决定了企业能否持久经营。一个员工的客户评价，决定了这个人能否长久地做下去，也代表了其成长潜力。所以，个人的感觉一点都不重要，关键是客户对你产出的结果做出何等评价，这才是最重要的。

判断一家企业能不能存续，靠的是客户。企业如果没有客户的返单，没有客户的持续回馈，那么企业想要长期生存下去几乎是不可能的。如何更好地为客户提供服务，获得客户的返单和回馈，是每个人都应该去思考的问题。

想要让客户对企业的整体服务做出更高的评价，就需要提升客户的体验价值，提供给客户在各个维度的美好感受和正向回馈。

客户是企业的衣食父母，是企业商业回报的来源。客户给企业带来商业贡献，客户的行为在很大程度上影响企业的可持续发展。所以，客户的评价才是最有价值的评价，客户也有资格对我们的工作结果做出评价。

我们可以使用客户质量测评表（如表 5-1 所示）来帮助员工提升对客户价值的认识。

表 5-1　客户质量测评表

	客户数量	季度增长率	老客户比例	提升老客户措施
第一季度				
第二季度				
第三季度				
第四季度				

注：表格的时间单位，也可以换成月度或者年度，可根据业务性质自行调整

▷ 你的客户很满意？还不够

企业常常会面临这样的问题：觉得自己在努力，其实工作没有价值；总觉得客户在流失，却又束手无策；企业内部总是相互推诿、互相扯皮，争论不休。如果企业内部的推诿太严重，该如何来解决呢？我在此提一个概念，就是在企业内部，该如何正确理解客户价值，即内部客户价值。

所谓"客户价值"，就是站在客户的角度，为客户提供满意或超值的结果。

这个定义有三层含义。首先是站在客户角度定好方向。这

05 和同事相处,换个思路更高效

个解决方案了。例如,在北京有一家商务男装旗舰店,店面大约400平方米,装修得很气派。当我进去选择西装的时候,导购小姐很热情地过来,还问我一个问题:"先生,你知道吗?一个成功男人的西装,是要穿1天挂7天的,那么一个成功男人应该有8套西装。而1套西装要配3种不同色系的衬衣,就是冷色系、暖色系和中色系,方便出席不同场合,那8套西装就要配24件衬衣。每件衬衣应该配备3种不同花纹的领带,比如斜杠的代表权威,圆圈的代表中规中矩,方形和菱形代表休闲,那24件衬衣要配72条领带。先生,不知道您离成功男人的标配还差多少呢?要不要在我们这里给您补齐一下!"

上述这段话不介绍服装款式,不介绍布料,不介绍具体服务,只介绍一个成功男人的服装解决方案,再将成功男人与客户相关联,这样就让客户觉得不买都不好意思。这个过程,就是把企业的产品变成客户解决方案的过程。

你可以使用客户价值账户(如表5-2所示)来辅助提升客户价值。

表 5-2 客户价值账户

得罪客户的事件	感动客户的事件	得分

◤ 本节落地措施

1. 知识点 _____

2. 措施（至少三条）

（1）_____

（2）_____

（3）_____

3. 承诺 _____

05 和同事相处，换个思路更高效

领导、同事其实都是你的客户

▷ 内部客户质量决定外部客户质量

客户价值对企业和个人的重要性不言而喻。其实，客户不只是存在于企业外部，在每个企业的内部，也是有客户的。

例如，有些时候，我们需要配合其他部门或者某个人，或是需要其他部门或者他人来协助自己，这个过程就相当于和客户不断接触和打交道的过程。甚至我们给领导提供某种产品或服务，也需要考虑一个问题，那就是如何更好地站在领导的角度提供更好的服务。这些可称为内部客户价值。

有些企业部门之间彼此推诿，就是因为忽略了内部客户价值。

有的领导和下属之间相互抱怨，也是因为没有考虑清楚内部客户价值。

内部客户价值是一种怎样的逻辑关系呢？到底谁是谁的客户？简而言之，**除你之外所有人都是你的客户**。通常来讲，领导和下属之间，如果是安排工作，一般来说员工是客户，此时员工有资格去问清领导的具体要求和最终目的；如果是员工去汇报工作，领导就是客户，此时领导有资格来问员工工作的具体进度。这就是上下级之间的内部客户关系。

跨部门的同事之间，其实也是有内部客户关系的。从业务

流程的角度来讲，**下道工序是上一道工序的客户**，比如说采购、生产和销售，很明显销售是生产的客户，生产是采购的客户。一家企业的销售部地位重要，其实是因为销售部代表了外部客户的利益、代表了公司的生命线，外部客户赋予了销售部以要求和标准，所以企业以销售部门为导向就成为必然。

当然，销售部也不总是客户。有的时候，销售部和财务部也可以互为客户。比如说销售部需要财务部支持，财务部作为支持部门，从业务流程来讲，销售部肯定是客户；有的时候，财务部需要销售部提供报表，那么财务部就有可能变成客户了。

要弄清谁是客户，就得看谁接受结果。如果你接受结果，那你就是客户，你就有资格来评价对方的工作，有资格对对方提供的结果进行评价，我们称之为结果角度的评价。经过这样的梳理，内部客户价值链就比较清楚了。

一家乳品企业内部出现了相互推诿、客户问题无人处理的情形。牛奶商店断货，于是经理找到业务；业务说我已经下单了，你应该去找配送；配送说没货了应该找生产；生产说包装盒不够，应该找供应；供应说包装盒设计稿已经交给领导了，领导还没有签字，应该找领导……但凡有一点客户价值的服务意识，都不会将这件事情搞成"无人区"。

出现上述情况，企业该如何处理？正确的处理方法，应该是随时都想到"我如何给他人提供更好的服务呢？""我尽力了吗？""客户满意没有？""客户感动了吗？"……如果没有，我们就要继续努力，至少要保证客户的满意度。

如果说企业中的每个人都有客户价值意识，就不会发生互相推诿的情况，企业的效益只会逐渐提升。当下的商业环境，公司竞争正在由过去的经营竞争向管理竞争转变，而内部效率

05 和同事相处，换个思路更高效

将是最重要的竞争维度。于是很多企业提出"首问责任制"避免部门间互相推诿，提升内外部客户价值体验。

▷ 内部客户价值意识是企业竞争力的原点

曾经有两种"木桶理论"特别流行。其中一种理论认为，木桶盛水量的多少，取决于木桶最短的木板，也就是说企业发展的好坏取决于最短的短板，所以要补短板。另一种理论认为，木桶盛水量的多少取决于木桶最长的木板——将木桶依最长的木板为底倾斜后，盛水量就会多。意思是企业发展，要发挥优势。

上述两种理论在某种情况下都有道理。长板理论告诉我们，企业经营要考虑如何发挥优势；短板理论告诉我们，企业内部管理要想方设法补足短板。其实，还有一种理论容易被忽视却很重要，就是"板缝理论"。一只木桶能盛多少水，取决于木板与木板之间的缝隙大小。同理，企业发展的好坏，取决于部门之间的配合、同事之间的协作，这就是"无缝隙管理"，也就是内部客户价值。只有具备这种意识，才能实现无缝隙管理，达到企业内部的最佳工作状态。

▷ 你来破案：谁的错？该怎么做？

在内部客户协作过程中，会遇到很多事情，你所采取的应对态度，往往决定了最终的协作结果。我们通常有两种态度：一种是武断式的，一种是合作式的。武断式的态度以自己为出发点，不改变自己，强硬地要求他人配合，不太考虑他人的感受；合作式的态度则是站在对方角度思考，调整自己的行为以满足对方需求。

在工作当中，如果武断式的行为过多，就会导致内部合作效率低下，彼此之间在配合时磕磕绊绊。如果多一些合作式的行为，就能双赢甚至多赢。而合作式行为的多寡，根本在于内部客户价值意识的强弱。企业内部在跨部门协作和沟通时出现的种种问题，大都是因为合作式的行为太少，武断式的行为太多。

某企业销售部和市场部之间有矛盾。市场部为销售部制定了国庆节促销的产品销售策略，方案完成后，市场部给销售部进行讲解。宣讲完毕，市场部的人问："各位销售部的同事，方案宣讲完了，大家都明白了吧？"下面在座的销售人员异口同声答道："明白！"市场部的人认为已经讲清楚了方案，离开了。

而当开始实施方案后，销售人员几乎天天给市场部的同事打电话问问题，不断地确认各种实施细节——显然销售部的人并没有把方案弄明白。这样的电话沟通越来越多，导致市场部的同事天天疲于解释，而且同样的问题要解答许多遍，弄得市场部的同事苦不堪言，最后逐渐失去耐心，变得很不耐烦。

于是销售部的人很不爽，认为市场部的同事根本就没有服务意识，态度太差。而市场部的人则认为之前给销售部培训的时候已经讲明白了，执行时销售部的人却不停地询问，让他们每天疲于回答问题，根本无法做事。相互埋怨的结果导致问题越来越多，两个部门的矛盾也越来越尖锐。

其实，像这样的问题，只要具备内部客户价值意识就可以解决。案例中的两个部门，都没有站到对方角度去思考问题，都没有想过为了让对方更方便而可以提供哪些帮助。反过来，如果每个部门都把对方当客户来对待，就可以拿出解决问题的思路和方案。

05 和同事相处,换个思路更高效

请你思考一下,如果你在市场部,你会怎么办?如果你在销售部,你又会怎么办?把你的想法写在下面的横线处。(请先别看答案哦)

如果我在市场部,我会:

1. _____
2. _____
3. _____

如果我在销售部,我会:

1. _____
2. _____
3. _____

作为市场部和销售部的工作人员,怎么做比较好呢?我们分别来分析一下。

如果你在市场部,可以这样做:

第一,邀请参与。

制定方案时,邀请销售部门的同事参与进来,引入不同的视角,这样大家在理解方案的时候会更容易。

第二,详细解答。

在讲解完方案以后,现场提问,逐一解答,类似于答记者问。

第三,事前测试。

方案实施前进行测试,确保每个人都清楚地了解方案。

第四,确保到位。

在销售部随机抽查模拟方案执行,确保销售人员掌握了方案中的所有的内容。

第五，汇总成册。

在方案实施过程当中，针对销售部的问题反馈，把典型问题汇总起来并形成分类的书面解答，方便大家查阅。

当然，可能还有很多方法，在此不过多列举。总之一句话，就是要站在对方的角度去思考，并且输出合作式的行为。

如果你在销售部，第一，真实表述。可以这样做：

第一，真实表述。

知之为知之，不知为不知，不要顾虑面子，要事实真实表述自己的认知和对政策的了解程度。

第二，内部管理。

针对不同人员的同样问题，内部优先解决，轻易不要跨部门解决，形成一个内部的问题解决流程。比如员工不懂的问组长，组长不懂的问班长，班长不懂的问主管，主管不懂的问经理，经理解决不了的再跨部门。其实不只是产品销售，财务问题、协作流程问题、考勤问题等，都可以通过内部流程来解决，将其变成真正的内部沟通问题，形成长效机制。

第三，强化培训。

不同的任务，同样的问题，很有可能是新员工来了以后没有及时接受培训，所以新员工一入职就要进行相关培训，减少跨部门沟通。

第四，即时分享。

得到答案后，在部门内部先分享，避免不同的人问同样的问题。

第五，自主更新。

部门内部先进行头脑风暴，处理可能出现的问题，然后把市场部的新措施变成可量化的执行方案，继而不断地更新和

05 和同事相处，换个思路更高效

演化，形成内部工作手册，落实工作标准。如果每个人都积极主动去思考并朝一个明确的方向努力，问题自然而然就得以解决了。

例如企业的财务部其实就是服务部门，但是财务人员往往把财务部当成最权威的部门。当同事需要报销、填写好单据交给财务人员的时候，如果哪里不规范或有问题，对方的脸色就很难看。这种状况，其实就是没有内部客户价值服务意识的表现，财务人员根本没有意识到自己的服务职能。

请你按照以下流程操作：

第一，想一想自己可以为其他部门提供哪些服务；

第二，想一想服务如何做到具体可操作、明确可落地；

第三，针对抱怨较多的内容来构思和设想更好的方案；

第四，写出具体的执行方案，包括执行时间、执行人和检查监督人。

长此以往，慢慢地你就会具备良好的服务意识。

试想一下，不管产品是在车间还是在仓库，销售在发货的时候如果不知道库存多少，库存的更新频率就会特别慢。生产部具备内部客户价值意识后，进行工作调整，把过去每周公布一次库存信息，调整为每日一更新。每日更新大大方便了销售部，使得销售人员对于库存情况了然于胸。这就是具备内部客户价值意识的典范。

请你记住一句话：领导和同事其实都是你的客户，树立服务意识，为领导和同事提供优质服务吧（如表5-3所示）。

表 5-3　内部客户价值工作表

序号	我的部门	内部客户	原工作内容	未来措施
示例	生产部	销售部	提交库存更新每周一次	提交库存更新每天一次
1				
2				
3				
4				

▣ **本节落地措施**

1. 知识点＿＿＿＿＿＿＿＿＿＿＿＿＿＿＿＿＿＿＿＿＿＿＿＿＿

2. 措施（至少三条）

（1）＿＿＿＿＿＿＿＿＿＿＿＿＿＿＿＿＿＿＿＿＿＿＿＿＿＿

（2）＿＿＿＿＿＿＿＿＿＿＿＿＿＿＿＿＿＿＿＿＿＿＿＿＿＿

（3）＿＿＿＿＿＿＿＿＿＿＿＿＿＿＿＿＿＿＿＿＿＿＿＿＿＿

3. 承诺＿＿＿＿＿＿＿＿＿＿＿＿＿＿＿＿＿＿＿＿＿＿＿＿＿＿

05 和同事相处，换个思路更高效

为客户做事，你才会平安无事

▷ 提升内部客户价值的三大方法

个人价值不是靠年龄、经验、形象、品德来体现的。在企业里，个人价值取决于你能够创造多少价值，取决于你在企业中被需要的程度。

当我们被企业、被客户需要的时候，其实就是不断为他人创造更高价值的时候。这个价值不是自己所能评判的，需要客户来评判。

提升内部客户价值的方法，具体有以下三种。

第一种，新增法。

首先，回想一下，客户经常抱怨的问题有哪些、客户可能的需求有哪些，并将这两个问题的答案列出来。

其次，在跨部门协作时，了解其他部门的需求预期、领导的需求预期。把这些需求预期找出来，对照工作流程，看这些需求预期里有没有外部客户的需求和预期。

最后，针对内外客户需求预期重合的部分思考具体行动措施，来完善接下来的工作计划或者流程，去满足领导或者同事的期许。

这样的做法就是新增法，简单来说就是多了解他人的需求，进而完善自己的工作流程。用好新增法，对提升客户满意度和内部协作效率都很有帮助。

第二种，删除法。

首先了解客户和同事的需求，再列出自己的工作流程和步骤，然后根据不同需求的紧迫程度在流程和步骤中排序，把那些可以省掉的次要步骤去掉，将流程化繁为简。这种方法就叫删除法。

广州一家企业的服务流程相当复杂，从客户付款到客户拿到货，整个过程需要盖18个公章。后来他们将流程精简优化，在保证安全、流程顺畅的情况之下，只需要盖3个公章就可以走完整套流程，效率大大提高。

所以，我们要经常审视自己的工作流程，直接删掉客户不需要的、领导不需要的、同事不需要的工作内容，以节约成本，提高效率。

第三种，递进法。

工作中有一种情况，就是客户的需求正好我们能满足，但是做得并不够好，给客户的感受介于满意和不满意之间，客户对此既不会投诉，也不会给好评。如此势必会影响企业的竞争力，一旦市场上出现更好的替代品，就会失去客户。在这些方面更上一层楼，将产品与服务做得更好、更透、更到位，就是递进法。

递进法对提升客户价值是很有帮助的，你需要开动脑筋，深度思考，把相应的流程节点服务做到极致。

05 和同事相处，换个思路更高效

▷ 提升自身价值"四件套"

为更好地提升内部客户价值，取得更高绩效，我们可以从如下四个方面着手，我称之为提升自身价值的"四件套"工具，依次是分内事、力能事、他需事和超越事。

第一，分内事。

分内事，就是自己该做的事、必须做的事、没有选择余地的事。比如，领导安排的工作、岗位职责规定的工作、客户需要你做的工作（包括内部客户需要你协助的事）等。

分内事，最多的就是岗位职责所规定的，基本都是一入职就明确被告知的工作。只要是基于岗位设置需要你输出的价值，都可以称为分内事。

第二，力能事。

力能事，就是力所能及的事情。在职责范围之内，除了满足对方的基本需求之外，再努力一点，把事做得再好一些，尽可能做到极致，即力能事。将任何事做到极致的精神，可以称为工匠精神。德国的计算机机房，整理得井井有条；而我国很多企业的机房，五颜六色的线缆，看得人头晕目眩，可能上面还落了好几层灰，用三个字形容就是脏、乱、差。

所以，在工作职责范围内，我们要精益求精，做好力所能及的事情。

第三，他需事。

同事或客户需要你配合与协助的事，即为他需事。虽然是别人需要的，但你可以提前做到位。

例如，部门来了新同事，不了解各个职能部门在哪里办公，和其他办公室同事也不熟悉，这时你就可以带他熟悉他需要直接面对的部门，引导他认识同事和领导等。这些都是对方最需要的事情，你将其做到位，相当于为对方创造了价值。

第四，超越事。

了解他人的预期，并且做出完全超出对方预期的结果，就是超越事。超越事总结起来有三个维度：质量维度、数量维度和时间维度。

例如，客户期望你给一份报表，你不仅给了他一份报表，甚至还在上面标出了重点，让对方在看报表时效率更高，这是超出预期的；客户让你下周六交付结果，结果你周三就提前交付，这也是超出预期的；客户只要一个方案，而你给出了更多的可供选择的方案，这还是超出预期。

将上述这四类事情做到位，你的工作就优秀了，个人价值自然也就提升了。而价值的提升，注定会有更多的机会青睐于你，你在企业乃至职场中会更加游刃有余。

> **本节落地措施**
>
> 1. 知识点＿＿＿＿＿＿＿＿＿＿＿＿＿＿＿＿＿＿＿＿＿＿＿
> 2. 措施（至少三条）
> （1）＿＿＿＿＿＿＿＿＿＿＿＿＿＿＿＿＿＿＿＿＿＿＿＿
> （2）＿＿＿＿＿＿＿＿＿＿＿＿＿＿＿＿＿＿＿＿＿＿＿＿
> （3）＿＿＿＿＿＿＿＿＿＿＿＿＿＿＿＿＿＿＿＿＿＿＿＿
> 3. 承诺＿＿＿＿＿＿＿＿＿＿＿＿＿＿＿＿＿＿＿＿＿＿＿＿

05 和同事相处，换个思路更高效

为他人考虑，就是为自己得益

▷ 同事协作的五大状态，你是哪一种

在职场当中，每个人都要为自己的内外部客户创造更大的价值。我在前文提及过，在内部协作时，常见的行为有两种：武断性行为与合作性行为。不同的行为会产生不同的结果。

上述这两种行为是一个好一个坏吗？当然不是。多数情况下，合作性行为更利于组织绩效的提升，但在处理很多原则性问题时，武断性行为就很有必要。所以，在不同的情境下需要不同的行为方式。

根据不同情境下的事态发展和行为方式，我们可以把合作状态分为以下五种，也就是美国行为科学家托马斯和他的同事克尔曼共同提出的托马斯-基尔曼模型。

第一种状态，竞争。

某件事非常紧急，如果慢慢协商的话，可能会错过机会；一旦错过机会，整件事就会失去意义。而这件事情，又牵扯到某些资源的分配使用问题——资源并不充裕，别人用了，可能你就没机会了。所以，通常来说，对当事者很紧急、很重要的事情，采取的行为方式就会武断，这是由事情本身性质决定的。但是，如果某件事对双方来说都是紧急而重要的，那么大家都

会产生武断性行为，最终一定要分出胜负，一定要一赢一输，这就是竞争状态。竞争状态下，双方都会为了自己的利益去努力争取。

第二种状态：回避。

如果某件事情对双方来说都是不紧急、不重要的，那么通常双方对此类事情都不会太关心，于是彼此之间有合作意识，但既不采取合作性行为，也不采取武断性行为。表现出来就是你不找我、我也不找你，这就是回避状态，以期避开处于竞争与合作之间的尴尬境地。

第三种状态，迁就。

某件事情，对一方来说紧急且重要，对另一方来说则不重要也不紧急。于是，有一方就表现出高度合作的状态，不会采取武断行为，而另一方则高度武断，不予合作。在这种状态下，需要紧急的一方向不紧急的一方做出让步，这种协作状态即为迁就。

第四种状态，妥协。

某件事情，对双方来说都是虽紧急但不重要的，双方都会采取迁就的方式，彼此多有合作行为，也同时有部分武断行为——你让一点我也让一点，这种协作状态即为妥协。

第五种状态，合作。

某件事情，双方都不紧急，但对双方来说都很重要，双方都有合作意识，也都采取合作性行为，这种状态就是合作。

▷ 五大状态你用对了吗

以上五种状态，需要针对不同的情况。有的时候是部门之间、同事之间的竞争，有的时候可能是和企业流程的竞争。

05 和同事相处，换个思路更高效

例如，月底了，有项业务对一名销售来说非常重要，客户要求必须在第二天下午 5：00 之前签合同。但是法务部门审核合同可能需要两天时间，如果按照正常流程的话，这个业务就泡汤了。这件事对法务来说，远没有对销售来说的紧急和重要程度高，法务部门按照流程办事也没什么不妥。这种情况下，就需要销售去找法务部门协商，他只能采取一种方式，就是与企业的流程和客户竞争。

遇到竞争的情况，我们可能需要让上级部门的领导出面协调，以实现重要而紧急事情的有效达成。

再例如，办公室下发了会议通知，其他部门在 10 号之前就收到了通知，而你的部门 11 号早上才收到。如果这个通知很重要，那就要另当别论。但这个通知只是告诉大家开会时间，会议内容和你所在的部门也不直接相关，你的部门属于会议旁听者。显然，这件事情对你部门而言既不紧急也不那么重要，这个会可以参加，不参加问题也不大。办公室晚于其他部门将会议通知送达到你部门，其实就没有必要较真了。如果会议的时间很紧急，但是内容不重要，也可以换种方式处理——迁就。

总的来说，竞争适合处理紧急而重要的事情，方法多是非此即彼，没有什么中间地带或回旋余地，切忌靠权力的压制来竞争，那样会造成阳奉阴违的情况；回避适合处理不紧急也不重要的事情，方式是不合作也不武断，你不找我，我也不找你，避免矛盾冲突；迁就适合处理紧急但不重要的事情，牺牲一方满足另一方，解决问题的速度会比较快；妥协适合处理紧急而不重要的事情，双方各让半步，一定程度上满足双方的利益，或许根本性的问题没有触及和解决，但当前的问题是可以得到解决的；合作适合处理重要而不紧急的事情，双方彼此尊重，不牺牲某一方的利益就能够彻底解决问题，但可能时间成本较高，就需要双方反复沟通。

▷ 合作的根本是以人为本

合作过程中，如果双方出现了矛盾冲突，解决它通常分为五个步骤：第一步是找到分歧，即通过梳理，找出彼此之间的分歧所在，分析其重要程度；第二步是掌握事实，即确定彼此掌握的信息是不是足够充分而清晰，要确认支撑双方核心观点的一手资料的准确性；第三步是确认共识，找出彼此之间的共识，然后将其先放在一边；第四步是探讨分歧，说出彼此对于分歧的想法，畅所欲言；第五步是双方分别提供解决分歧的选项，让对方去选择，继而找到并制定可行的解决方案，最终达成共识。

上述这五步流程，简单来说就是通过并流、掌握事实、确认共识、探讨分歧、确定方案。走好这五步，分歧就比较容易得以解决了。

人和人相处，需要时刻牢记两个要素，即形式和目的。过分在意形式，反而很难达成目的；而如果你想要目的，那就将形式让给对方，为他人着想，双方都更容易受益。

我在培训课堂上经常要做一个练习叫"学话"，就是模仿对方说话的语气和内容。我曾经在一次培训时找一个学员上台，让他跟我学话，说错或3秒内没有反应，就罚做俯卧撑。等规则明确，我朝他说了一句："你准备好了吗？"他回答："我准备好了"。我就竖起食指，他忽然间就明白了，做了一个俯卧撑——他没有复述我的话，而是回答了我的问题。

05 和同事相处，换个思路更高效

虽然只是一个游戏，却在不经意间说明了一个道理：所有人总是在不断地回应自己的本能，而忘了有的时候需要考虑他人的需求、满足他人的需求，进而实现个人的价值和目的。所以，大家需要清醒地认识到自己在组织中的价值，这是实现个人目的很重要的维度。

如果为他人考虑，为他人着想，那么自己也会受益；如果只考虑自己，可能短期内会觉得很舒服，但长期来看就没人愿意与你合作了，自己也就不可能受益了。

▷ 主动创新的四大步骤

要想做到主动创新，一般可以按照以下几个步骤来做。

第一步，质疑。

质疑是一种居安思危的思路。即使目前生活状态再好，仍然要想到随时有可能会出现的危机。虽然自己现在过得还不错，但要时刻警醒未来可能出现的变化，或者是针对现状，想一想有没有可能更上一层楼。这就是我所讲的"质疑"。历史上有不计其数的改变都来自最初的质疑，正是它促成了时代的进步。

大名鼎鼎的电脑Windows操作系统，就是在不断质疑中一步一步前进的。记得我在读大学的时候用的电脑是586和686，后来才出现Windows系统，历经Windows95、Windows98、WindowsXP、Windows7、Windows8、Windows10等多代产品，这是逐步适应变化、改革创造的结果。每次变化的第一步都来自质疑，每一步都是不断质疑、不断找到新的方法、不断创新的过程。所以，社会的进步、产品的更新、流程的改善，都源自敢于质疑。质疑是主动创新的前提。

第二步，重组。

其实，人类绝大部分的发明，并不是凭空创造出来的，更多的是一种发现。就像飞机，是基于对鸟类的结构发现而创造出来的。人其实更多的不是在创新，而是在模仿，只不过是跨界的模仿，这种模仿是一种经大脑思考过的模仿，而不是机械的模仿。

天下没有新鲜事，排列组合就是创新。换种方式，换种组合，换种方法，换个流程，进行不同组合，就能得出不同的结果。世界上万事万物，不过是不同元素构成的，只不过各种物质的比例、组合方式不同；千姿百态，也不过是组成的比例、调和顺序不同；妙音天籁，也不过是七个音符排列组合的各不相同。

当我们把一件事情用在另外一个情境当中，把这个模型放在另外一个流程当中，所创造的结果就会有所不同——重组会带来更高的效率和价值。

第三步，尝试。

任何创新，理论上说得过去，实践当中真正应用效果如何，则需要不断尝试。尝试有可能成功，也有可能失败，但这是必须经历的过程，也是一个不断成长的过程。越是尝试失败，其实成长的可能性就越大，就像小时候学走路谁都跌过、学骑自行车谁都摔过一样，但我们能够学会走路，学会骑自行车，就是不断尝试的结果。我们经过尝试形成体验，通过体验总结经验，就可以为创新打下基础。

第四步，改进。

改进是创新的最后一步。改进就是将所有经过尝试后积累的经验进行总结提炼，然后扬长避短，查漏补缺。

05 和同事相处,换个思路更高效

改进不一定是多大的突破,哪怕只是一个细微的调整,每天进步一点点,积累下来也会有可喜的发展,长期下来就是质的飞跃。总之,每次改进都是一次进步,只要改进,就有创新成功的机会。

质疑、重组、尝试、改进,就是自主创新的流程。而且创新不是只有那些智商超群的人才能实现的,只要你用心,你也可以拥有自己的独特创新成果。

> **本节落地措施**
>
> 1. 知识点_____
> 2. 措施(至少三条)
> (1)_____
> (2)_____
> (3)_____
> 3. 承诺_____

06

别偷时间——你的工作时间属于企业

06 别偷时间——你的工作时间属于企业

你的工作时间很有限，请别再悠闲

▷ 为什么你很忙，绩效却不高

职场中，很多人觉得自己特别忙，他们总会说一句话——没时间。

其实，随着年龄的增长，在人的一生当中，初入职场和工作十年、二十年之后，对时间的理解和感受是完全不同的。刚入职场的时候会带着一些象牙塔之中的情愫，觉得自己朝气蓬勃，风华正茂，未来的时间非常充裕。而一旦踏入社会，步入职场的正常轨道，个人角色逐步丰富，面对的就不再是简单的同学关系了，而是有利益纠葛的同事关系，以及面对领导时的上下级关系。角色的丰富，让个人走向一种更加充实的人生阶段，需要处理各种各样的事情。

随着阅历的增加，需要你处理的公司事务、家庭事务有增无减。于是，你的时间似乎会变得越来越少。你会觉得生活节奏越来越快，精力也越来越有限。因而在工作当中常常会出现困惑。

第一，为什么天天都很忙，加班成为常态，而绩效就是不高？

很多人把忙当成成功的标准，每天忙，每天都觉得时间不够用。实际上并不是时间变少了，而是你对时间的利用和掌控出现了问题。而忙不是你的工作目的，工作的目的是做出成果、有绩效，只有这样，你的工作才有价值。

第二，为什么频繁发生意外情况，导致措手不及、手忙脚乱？

总觉得自己做好了计划就万事大吉。但计划总是被各种变化打乱，总有突发情况需要应对。所以，在做事情之前，需要对未来可能发生的情况做全方位的考量。

第三，为什么领导交代的事情竟然忘记，因此受到了批评？

领导安排的事从来不是随便说说，即便领导说这个事不着急，你仍然需要给予足够的重视，牢记领导说的话、安排的事，并且将其当作工作的重点。

第四，为什么都是同龄人，工资差异那么大？

在职场上，年龄和能力并不一定成正比，哪怕是同龄人，薪酬水平和事业发展差距仍可能非常大。人在不同阶段，对于时间的利用效率是有差距的。即便年龄相当，在 24 个小时之内，每个人能做的事情也是不同的，所投入的精力、关注点、所创造的价值，以及一天的收获都有差异。

第五，为什么辛辛苦苦一整年，业绩却一般？

每天都很忙碌，却没做出多少成绩，年终盘点时自己都会惊讶于为什么才做了这么点业绩。曾有数据分析显示，在每天的职场工作时间中，真正投入精力去做的高效工作时长不会超过四个小时。

如果存在以上的感受或困惑，说明你在时间管理方面出了问题。你需要警觉起来，认真做好时间管理。

06 别偷时间——你的工作时间属于企业

长期的时间管理，其实就是人生的管理。 人生管理就是时间管理的若干组合，人与人之间最大的差距来自时间管理水平的不同。时间是世界上最公平的资源，不会因人的身份、地位、宗教、信仰、年龄、形象而有所差别。

请你找一张宽和长比例为1∶10的长条形的纸条，把纸条分成10等份。这张纸条就好比是你一生的时间，每一条代表10年。接下来，我们开始撕纸条，每撕掉一条，就意味着少了10年时间。第一步，先撕掉已经用掉的时间，比如说你有20岁，就先撕掉两条，30岁撕掉三条，40岁撕掉四条，以此类推。第二步，一起撕掉两条。因为数据统计，2019年，中国人均预期寿命77岁，乐观点到80岁，而纸条是按100岁分的，所以再撕掉代表90、100岁的两条。第三步，再撕掉两条。因为退休之后是无法创造更大工作价值的，按60岁退休计算，再撕掉两条。第四步，继续撕掉一条。因为一天24个小时，规定的工作时间只有8小时，下班后以及假期都属于业余时间，无法直接为企业或者为个人创造更高的价值，所以，还要再撕掉一条。

最后，剩下的时间就是你完全可以用于工作的时间。注意这个时间里还包括你在工作期间走神、处理私人事务、闲聊等所浪费的时间。

事实上，撕完上面所述的纸条以后，我们手里只剩下了很小的一部分，这就是我们可以用于工作的时间，而这个时间我们要创造更多的价值作为生活保障。

▷ 不要用努力来对冲对资源的挥霍

时间对每个人来讲都是非常宝贵的，所以我们需要有效利用时间，尽可能地做事更高效、更完善。

通过下面这幅漫画，你可以得到什么启示呢？

漫画中，车子里装满了圆形的轮子，却用方形轮子作为车轮使用，前面拉车的人和后面推车的人看起来都很吃力。

很多人看到这幅漫画的第一感觉就是这些人真傻，明明车上有那么多圆形的轮子不去用，却偏偏将方形轮子安在车上。其实，类似的"傻"事我们每天也都在做，只是不自知罢了。

从这幅漫画中，我得到了以下四点启示。

第一，圆轮子相当于时间，很多人在工作中总是觉得自己的时间不够用，实际上你缺的不是时间，而是对时间的掌控。每个人每天都是 24 个小时，为什么别人就比你效率高？这是值得思考的问题。

第二，漫画中的方形轮子就相当于我们的习惯。现实中有太多人工作时靠习惯、凭经验，即使效率不高，却丝毫不觉得这样的做事方式有问题，不考虑为什么而做事、做事的目的又是什么。

第三，当有人指出问题时，他们会理直气壮地说："我已经很努力了！"这才是最无奈也最可悲的地方。很多人就像漫画中那些推车和拉车的人一样，只感动于自己的努力，却也断送了改进的可能性——这种努力是虚假的，它极大地阻碍了自己的成长。所以，有句话说得非常好，就是"你只是看上去很努力"。

第四，这些人看上去很努力，实际上让重要资源闲置，也浪费了时间。我们也需要想一想：身边有没有这种资源浪费的情况？有没有时间利用率不足的地方？不要遇事就抱怨或向外归因，环顾四周。先向内求，也许能发现性价比最高的解决方案。

请思考：我要在哪些方面增加时间投资，哪些方面减少时间投资？

1．我要增加时间投资的方面是：

（1）_____

（2）_____

（3）_____

2．我要减少时间投资的方面是：

（1）_____

（2）_____

（3）_____

▷ 时间是人生最珍贵的资源

时间真的很神奇，从不停歇，但对每个人都非常公平，每一个人每一天都有 24 个小时。

时间之所以珍贵，是因为其有以下四个方面的特性。

第一，无法开源。时间的供给是固定不变的，在任何情况下都不会因为个人意愿而增加或减少。

第二，无法节流。时间不像人力、财力、物力那样可以节约使用，因为很多时候它是无法被人掌控的。时间不会因为谁的计划好，就为谁暂停；也不会为谁变慢，更不会为谁缩减或重来，只会按照固定的节奏分毫不差、持续不断地往前走。

第三，无可替代。时间是其他任何资源都无法取代的。吉林曾经有一个亿万富翁，因为错过时间，赶到医院没有见到母亲最后一面。他感慨地说，再多的钱有什么用，它无法买回时间，也无法让母亲多停留一刻。事实就是，不管富有还是贫穷、尊贵还是卑微，时间都一视同仁。

第四，无法挽回。时间一旦过去了，就永远不会再回来。也因为这种特性，机会应运而生。很多人觉得自己怀才不遇，其实还是没有做好准备，即便机会出现也把握不好。时间造就的机会，一旦错过，就无法挽回了。

◤ 本节落地措施

1. 知识点_____
2. 措施（至少三条）
（1）_____
（2）_____
（3）_____
3. 承诺_____

06 别偷时间——你的工作时间属于企业

别乱放,整理好你的办公桌

▷ 你不在意的办公桌也是"时间杀手"

我们时常会有这样的感觉:忙活了一整天,但回想一下,好像没干多少活,也没出什么成绩。

其实,有时我们会浪费时间于无形。在职场中最让人难以察觉的,是因为办公桌的无序和凌乱而造成的时间浪费。

单从办公环境来看,一家企业的效率高低往往和其办公桌的整洁程度有密切关系。

请看:办公桌是凌乱的,有报纸,有工具书,有扑克牌,有订书机,有彩色笔,有零食;文件柜里塞满了文件,抽屉都是敞开的,里边放着各种各样的资料,地上甚至还散落了几份文件;文件柜的旁边是一个纸盒子,盒子里堆满了文件,有的字朝上,有的字朝下,最上面的文件落满了一层厚厚的灰尘;文件夹里塞满了文件,有的边角已经褶皱,有的则被挤得面目全非,还有一些资料横七竖八地放在桌子上;电脑上下左右堆满了资料,电脑旁的电话也被资料覆盖;地上的垃圾桶里满是废弃的文件;再看电脑桌面,密密麻麻的文件扑面而来,各种格式,不同版本,新建文件夹的序号排到了二十几,不点开完全不知道里面存的是什么资料……

试想,在这种环境中办公,如何提高工作效率?

▷ 办公桌是如何偷走时间的

凌乱的办公桌，极其消耗我们有效的工作时间。

首先，在这种环境中办公，找什么东西都不会很快，非常浪费时间，而且一旦想要找的东西总是找不到，整个人的心情就很容易焦躁。美国一位时间管理专家所做的统计显示，人的一生当中找东西的时间要花费2.5年。

其次，凌乱的办公桌会导致我们对待工作敷衍搪塞。如果迟迟找不到需要的东西，心急之下，我们就可能随便拿一份资料作为参考，应付了事。结果就是做出来的东西质量不高，影响工作进展，也影响别人对自己专业程度的评价。

再次，凌乱的办公桌环境严重影响工作心情。它让人很难集中精力去理清自己的工作，甚至让人想赶快逃离。生产型企业都会在车间执行"5S"标准，对办公桌的整理就是其中很重要的一项指标。例如，办公桌上物品要整齐摆放，文件标识规格统一，办公桌上只放置必备的办公用品，离开时椅子要归位等。这样一整理，办公环境就整洁多了。

最后，有安全隐患。如果东西随意摆放，可能文件就在插线板上，办公桌上各种电线缠绕在一起，电脑主机被挤在一堆纸箱里而无法有效散热，极有可能造成火灾等事故，那样损耗的就不仅仅是时间了，甚至可能付出生命的代价。

▷ 你的办公桌高效吗？办公桌整理的"5S"标准

如果使用统一标准来整理办公桌，效果就不一样了。我们以上面提到的"5S"现场管理法为例来进行说明。

第一：整理。区分哪些物品是必须要保留的，哪些是可以不要的。把必须保留的放在自己顺手的地方，而把可以暂时不用的按使用频率存放在合适的位置，如果有些根本用不着，直接废弃或移走。现在有个词比较流行，叫"断舍离"。这个过程就是把和工作不相关的东西去掉，进行一次办公环境的断舍离，做到精简、精简再精简。

第二：整顿。 对物品摆放的位置和方法进行必要的标识，使自己能在极短的时间内迅速找到所需要的资料。比如文件架上的蓝色文件夹、红色文件夹和白色文件夹分别装什么资料，分门别类地做好标识，方便查找和整理。

第三：清扫。 保持办公区域整洁，每天用三五分钟时间清扫一下办公室和自己的工位，边边角角也不要漏掉。把办公桌整理一新，会得到一种轻松而享受的心情，你的工作效率不自觉地就会提高。

第四：清洁。 将整理、整顿、清扫工作制度化、规范化，形成具体的操作标准和流程，认真维护之前的工作成果，保持最佳状态。

第五：素养。 规定全员认真贯彻执行标准，形成良好的工作习惯，培养对工作认真负责的态度和职业素养。

我了解到一家企业的办公室非常整洁，就是采用了这种规范化、明确化的标准。整理后的办公环境如图6-1所示。

这家企业规定电脑下沿和办公桌的边缘相距15厘米，鼠标与办公桌下沿相距20厘米，水杯放在右手边，文件夹放在右上角，笔筒放在与文件夹相邻的地方，左边放电话和绿植。无论横竖，物品都要摆放在一条线上。

每个部门因为工作性质不同可能会略有区别，但总体来说，这家企业采用的标准，就是"5S"，具体参考标准如下：

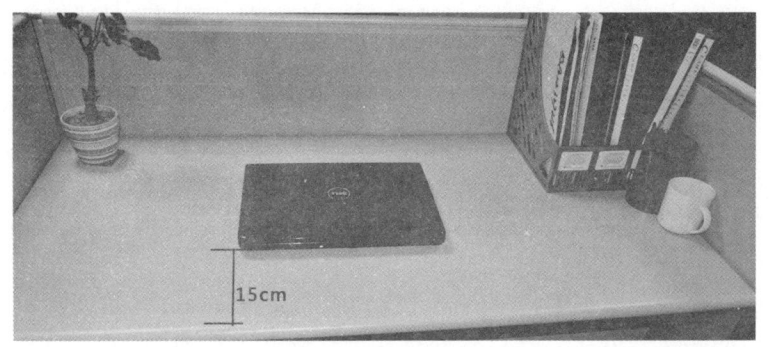

图 6-1 整洁的办公桌，让你的工作更有效率

A部门"5S"工位说明

1. 电话机下沿与电脑下沿保持在一条水平线上。

2. 电话机左侧紧贴办公隔板，下沿距桌子下沿15厘米。

3. 电脑左侧距左侧办公隔板20厘米，右侧距右侧隔板30厘米，电脑下沿距桌子下沿15厘米。

4.每桌一盆绿植，紧贴左上角；文件筐紧贴右上角，文件筐内资料从隔板向外，资料按从高到低顺序排列。

5.笔筒紧贴文件筐；笔筒内，一块橡皮；笔尖保持向上，倾向文件筐与隔板夹角方向。

6.水杯紧贴笔筒。

7.下班后附柜上不允许放任何物品（行政、对外合作部门除外）。

注：①鼠标和电源线允许放于桌面，但电源线须走线路孔，鼠标下沿与电脑下沿平齐。

②在办公时，由于使用办公用品频次不一致，可能造成不统一现象，但请大家注意自己的物品摆放，尽力做到规范、规矩，不偏离标准，偏离时注意修正，时时刻刻做到"5S"。

B部门"5S"工位说明

绿植——每桌一盆，放置在桌子左上角。

电话——放置在左边，其下沿距离办公桌下沿15厘米。

电脑——其下沿距离办公桌下沿15厘米，摆放在办公桌正中。

鼠标——紧挨电脑右下角。

文件筐——灰色文件筐统一摆放在办公隔板交叉处右上角。

文件夹——蓝色共4个，放在文件筐里右侧两格，左侧一格放个人的书、本。

笔筒——紧贴文件筐右侧。笔筒里只能有红黑签字笔、圆珠笔、铅笔各一支，笔尖向上，避免杂乱。

水杯——放在办公桌右侧，紧挨笔筒。

台历——紧挨文件筐左侧。

注：①因每个人水杯大小不一，至少要保证电话机、水杯处于同一水平线，均距离办公桌下沿15厘米。

②前台桌面右上角处备有日常所需的空气清新剂、电脑清洁剂等，要整齐摆放。

以上标准仅供参考。当然，还有些公司要求"6S"或"7S"，就是在"5S"的基础上再加上节约和学习。例如石家庄一家保险公司，就曾经做过办公室"7S"的课程普及，让所有同事的办公桌更整洁，工作效率更高。

▷ 办公桌整理的四大基本原则

办公桌的整理，总体要坚持四大基本原则，简而言之就是四个字："加""减""乘""除"。

第一，加。 是指加计划和标签，甚至加上颜色。把计划和标签放在你抬头可以看见的地方，防止遗忘和遗漏。加上颜色，是为了更好地区分和查找。

第二，减。 是指减少器材和使用频次低的文件摆放，如订书机、计算器等。在工作期间，使用频次低的物品被移出视线范围可以减少干扰。如果有了新的制度或规定，那旧的制度就要及时废止。

第三，乘。 是指分类，将不同的器材、不同的文件归类存放，以便及时查找和取阅所需要的材料。

第四，除。就是将与工作无关的清除掉。桌子底下、抽屉里边、柜子旁边等，凡是和工作无关的物品，都要做到及时、妥善清理。

请思考，你的办公桌哪些地方需要加、减、乘、除？请罗列出需要整理的地方。

加：_____

减：_____

乘：_____

除：_____

应用"加减乘除"四字法，可以有效净化办公环境。每天用三五分钟的时间，其实就可以有效地做到，让办公桌看上去更整洁，从而做起事来更高效。

◪ 本节落地措施

1. 知识点_____
2. 措施（至少三条）
（1）_____
（2）_____
（3）_____
3. 承诺_____

注意！11：59还属于上班时间

人总有不认真、迷茫的状态，这是思维惰性的表现。这种惰性体现在时间管理上，就是对整体时间偏差毫无感觉。例如，公司规定中午12：00是午饭和休息时间，但有人11：59甚至更早就进入休息状态。这种思维惰性在快放假前更为普遍，虽然人在上班，但心思却不在工作上，效率极低。还有假期归来之后，很多人也处于非工作状态，甚至认为节后刚上班情有可原。

这就是"11：59现象"，这种时间的感觉偏差其实是很不专业化的表现，对提升员工深度职业化水平是非常不利的。

一个人不一定要多么敬业，但要做到职业化，至少要做足上班的8个小时。"做足"不是"坐足"，是实干，是要用各种职业行动把这8个小时充满，并且追求高质量。如果一到临放假或是临近下班就开始休闲，很容易影响其他人，从而导致整个团队浮躁，破坏工作氛围。

现在，请你闭上眼睛回忆一下，前一天一共做了哪些事、分别用了多少时间，来进行一次时间碎片整理，然后完成表6-1。

表 6-1 前一天所做工作及所用时间

序号	工作安排	结果	时间段	耗时

你可以经常使用这个工具表来复盘前一天的时间利用情况，看看哪些时间还可以进行有效拆分。你会发现，其实有大量时间被自己挥霍掉了。这种在不经意间被浪费掉的时间，在时间管理中有个专有名词，叫"时间黑洞"。时间黑洞是影响工作效率的一大障碍。我们要强化时间管理意识，摆脱时间黑洞的困扰。

时间黑洞体现为以下 13 种情况，你可以对照检查。如果发现自己存在有"黑洞"，请在相应的括号里打钩，并写出相应的解决措施，如果没有请忽略。

第一，犹豫时间黑洞。

很多人有选择困难症，遇事犹豫，瞻前顾后，总是在思考，导致时间被浪费而毫无知觉。成功属于那些迅速做出决定而又不轻易改变的人。在时间管理方面有个两分钟原则，即能不能在两分钟内迅速决定一件事情，如果可以就立即去做，如果不行就列入后续计划或是委托他人。总之，我们不能因为选择犹豫而浪费过多的时间和精力。

◇是否存在:(　　)

◇解决措施:＿＿＿＿＿＿＿＿＿＿＿＿＿＿＿＿

第二，手机时间黑洞。

手机本来是一个沟通工具，但是现在人手一部智能手机，甚至还不止一部，沟通效率却没有提升，个人休闲消遣的渠道倒是日渐丰富。我认为，手机就是用来沟通的，不要用来娱乐，工作时间，不要让那些无用的东西干扰自己。当前，手机黑洞是最需要警惕的，很多人已经成为手机的奴隶，即使漫无目的，也要翻开手机看一看，好像一会儿不看就会错过什么一样，其实什么特别的事都不会发生。你也可以分析一下，一天当中你触摸手机多少次，用在手机上的时间是多长。

◇是否存在:(　　)

◇解决措施:＿＿＿＿＿＿＿＿＿＿＿＿＿＿＿＿

第三，社交时间黑洞。

无效的社交、没有意义的社交，会非常占用时间和耗费精力。一起喝酒、聊天、K歌，次数过多，时间过长，就成为社交时间黑洞。与其沉迷于无效社交，不如多做些对身体和思想更有意义的事情，让自己的未来更具价值。

◇是否存在:(　　)

◇解决措施:＿＿＿＿＿＿＿＿＿＿＿＿＿＿＿＿

第四，寻找时间黑洞。

前文提到，人这一生花在找东西上的时间有2.5年，如果东西随手一丢，不管什么资料都摞一堆，电脑文件密密麻麻，那你花在找东西上面的时间恐怕会超过2.5年。

◇是否存在：(　　　　)

◇解决措施：_____

第五，游戏时间黑洞。

游戏可以给人带来快感，但那种快乐是短暂的，是一时的酣畅淋漓。所以，游戏作为娱乐消遣可以，但切莫沉迷。

◇是否存在：(　　　　)

◇解决措施：_____

第六，网络时间黑洞。

现在不少人有网络依赖症，会时不时地去浏览网站，有无尽的好奇心，各种广告都会点开看一下；有些人还特别喜欢逛购物网站，看看哪里在打折、哪里在搞活动，发现有满意的东西还会因为淘到好货而沾沾自喜。其实这些网络浏览行为在不经意间浪费了你大量的时间。

◇是否存在：(　　　　)

◇解决措施：_____

第七，会议时间黑洞。

不是每个会议都重要，你要区分重要程度，看看自己必须参加哪些会议、可以不用参加哪些会议；哪些会议需要发言、哪些不用发言，发言的时候该说哪些话。总之，要把会议时间控制好。

◇是否存在：(　　　　)

◇解决措施：_____

第八，电话时间黑洞。

无休止地煲"电话粥"，从早聊到晚；一打几个小时，手机没电了充上电继续，其实说的绝大部分是废话。

◇是否存在：（　　　）

◇解决措施：_____

第九，零星时间黑洞。

很多人觉得距离下班还有十几分钟，反正也干不了什么事，干脆就消遣一下。殊不知，碎片化时间的有效利用，可以逐渐拉开人与人之间的差距。你用来浪费的零星时间，别人都拿来提升自己了。

◇是否存在：（　　　）

◇解决措施：_____

第十，走神时间黑洞。

眼睛望着前方不远处，托着腮帮，眼神迷离，目光也没有聚焦之处上，保持一个姿势不动……这种状态就是走神。

◇是否存在：（　　　）

◇解决措施：_____

第十一，不停回应时间黑洞。

工作中的信息轰炸非常恐怖，需要不停地做出回应：来一条微信消息回应一下，来一个QQ消息回应一下，来一封邮件回复一下，而且很多要第一时间做出回应。虽然信息不太重要甚至无关紧要，但斟酌回复时的措辞也是相当耗费时间和精力的。

◇是否存在：（　　　）

◇解决措施：_____

第十二，完美主义时间黑洞。

追求完美，一次又一次地补充，一次又一次地纠结，一次又一次地完善。但其实，这件事情本身并不那么重要，并不需要那么完美，却浪费了那么多时间，可能结果并不那么完美。

◇是否存在：（　　　）

◇解决措施：_____

第十三，逛街时间黑洞。

这一点男士少一点，女士会比较多。逛来逛去，可能用了一天时间最后什么也没买，也属于时间的浪费。其实，我们要买什么东西，还是要有计划、有步骤地去选择购买。

◇是否存在：（　　　）

◇解决措施：_____

以上时间黑洞，我们要将其识别出来，然后有意识地杜绝，以便更有效地利用宝贵的时间来做更有价值的事情。

所以，我们真的很有必要珍惜工作的时间，充分利用，绝不浪费。你可以使用"时间黑洞"及应对表（如表6-2所示）来检查一下自己的"时间黑洞"。

表6-2 "时间黑洞"及应对表

时间黑洞 （我在哪些地方浪费了时间）	应对策略 （如何避免浪费时间）	具体措施 （有时间、有行动）

请记住，珍惜时间就是延长生命！

◤ **本节落地措施**

1. 知识点_____

2. 措施（至少三条）

（1）_____

（2）_____

（3）_____

3. 承诺_____

06 别偷时间——你的工作时间属于企业

别再拖延,再拖就来不及了

▷ 你所遇到的棘手问题,都是拖出来的

我们在工作当中遇到的众多事情,在时间维度上可以分为两大类:第一类是可做可不做的,第二类是必须做的。也就是说,有些事情初期可以不用立即去做,此时我们通常会选择先放着,这是人的惰性决定的。而经过一段时间以后,这件事情就变成了必须要立即做的事。

例如,领导让你写一个策划案,因为觉得这件事比较重要,所以给了你一个月的时间。开始时你觉得时间足够充分,并没有立即上手去做。后来因忙于日常工作,直到第 28 天还没完成。眼看只剩下两天时间,不做不行了。这种情况就是典型的把过去暂时可做可不做的事拖到最后变成必须做的事。此时你会有恐慌心理,但仍然会安慰自己:"还有两天,还来得及。"

于是你加班加点熬得头晕眼花,终于在最后期限将一份马马虎虎、几乎是半成品的方案交给领导。

在工作当中,上述这种情况并不少见。本来是小事一桩,一拖再拖,最后变得无法控制。就像很多人本来身体略有不适,看看医生吃点药就好,却因拖延而导致病情加重,最后不得不住院治疗。

所以,一个人想做什么事的时候,一定要在第一时间就去

做。例如，有无数的人想去旅游，但今年说工作忙没时间，明年说等到休假再说，拖着拖着发现年龄大了，担心身体吃不消，最后哪儿也没去成。有些事本身其实不是问题，就是因为拖延，最后成了问题。

▷ **解决拖延问题的五字诀：时、理、动、分、合**

如何解决拖延问题？我们可以采用多种方法，具体为时、理、动、分、合。为了方便，我们可以采取谐音记忆法——"使你动真格"，具体内容如下。

时——设置提前完成的时间期限。

在接到工作时给自己设置一个提前完成的期限，这个期限是最后的截止时间。无论发生任何事，都必须要在这个期限前拿出结果，而且期限一旦设置好，无论如何都不能更改。而当我们为一件事设置了期限，会在心里产生一种紧迫感。

例如，一个项目的周期是 30 天，我们把期限设置在更早的时间，比如 20 天，最后 10 天用来完善细节，总结改进，把这件事情做得更加完美。也就是说，在制订计划时，你要把截止期限提前，要比领导要求的期限更早，留出完善成果的时间。否则的话，卡着"死线"提交结果，极有可能是一个马马虎虎的结果，对谁都是极不负责任的。

理——客观、理性地分析，用理性分析代替感性冲动。

人是情感丰富的高级动物，很多时候会凭感觉做决定，凭感觉选择自己想做的事而忽略了该做的事。人之所以拖延，是因为没有客观、理性地分析，只遵循某种感性冲动，甚至是某种错觉来采取行动。

例如，早上起床，很多人会不断地想着再多睡 10 分钟、再

06 别偷时间——你的工作时间属于企业

睡 5 分钟,最后时间被都浪费掉了。如果我们理性地分析一下:要处理这件事,是现在就做比较好还是拖下去再做会比较好,拖下去做可能会产生什么后果,现在做的好处是什么。想清楚了,明白了其中利弊,自然就不会再拖延。

所以,我们要做理性分析,不要想当然地觉得时间还很充裕,自己很快就能完成,让一时的快感或幻觉蒙蔽欺骗自己。用独立思考、理性分析来代替感性不足,是避免拖延的关键。

动——先行动起来。

想得越多的时候,就越不愿去动;越不愿意去动的时候,自然而然就会把事情往后拖。你会为自己找很多理由来解释拖延的"合理性",让拖延变得顺理成章。面对这种情况,与其想那么多,不如让肢体先动起来,因为肢体会带动情绪走向积极的一面,人的精神状态一旦好起来,注意力也会集中,做事效率自然会提高。

所以,做一件事情,如果能先动起来,就有效地突破了拖延的第一关。

例如,当我们接手某个项目的时候,先让自己行动起来,不要考虑太多。动起来以后,你的思路自然而然会逐渐进入状态,找到做事的节奏。而放着不动只会让你越来越不想做这件事,陷入拖延的泥潭,最后到不得不做的时候敷衍了事。

分——任务分解。

如果一个问题看似很难,不知道从何处着手解决,人们就喜欢往后放,从而造成拖延。而把任务进行分解,就很容易多了。

日本有个马拉松比赛名将,叫山田本一,曾连续获得马拉松比赛冠军。每次记者去采访他,问他为什么能获得冠军的时候,他总会说一句:凭智慧取胜。记者不理解,觉得他是在故弄玄虚。直到若干年后,人们从他的自传中才真正理解了这句话。

我第一次跑马拉松是失败的，因为直接把目标定在了终点，结果跑了不到一半就疲惫不堪。第二次再跑的时候，我提前一天开车把整个路线熟悉一遍，然后分解整个路程，找若干个标志性建筑物进行标号，比如红房子、公园、雕塑、银行、邮局等。比赛一开始，我什么都不想，直接冲向第一个目标红房子，再冲向第二个目标公园，再冲向第三个目标雕塑……以此类推，这样从未感觉到过于疲惫，因为内心只有最近的这个小目标。

这就是山田本一跑马拉松的秘密——把过程进行分解，有效地提升自己的执行意愿。

我们在工作中分解任务时要注意两个原则：复杂问题简单化，简单问题弱智化。也就是说，尽量将问题简单化，这样就不会因为恐惧而导致裹足不前。

例如，客户回款时间长，可以这样分解这个任务：第一步，和客户见面；第二步，给客户留下一个好印象；第三步，和客户进行有效沟通；第四步，顺带谈谈产品；第五步，尽量达成共识；第六步，赢得客户的喜欢；第七步，消除客户的异议；第八步，签订协议；第九步，定好回款时间；第十步，提供售后服务。这样就把一个复杂的问题进行了有效分解，形成简单易操作的步骤。如果你觉得还不够，可以继续分解。

如果你把任务分解成若干个小目标，每完成一个小目标，都会收获一定的成就感，这种成就感会形成一种自我激励。每完成一步，都是对总体结果和价值的积累，让你的执行力更加卓越，更加优秀。

合——加入一个组织。

加入一个组织和平台以后，你会发现这件事不是你一个人的事了；当你想着自己是组织一员的时候，你都不太好意思去拖延。

例如，你有一个健身目标和晨练计划，自己一个人可能很难贯彻执行到位。而当你加入一个健身小组后，每天早上6:00会有人准时喊你起来跑步，然后一起锻炼身体。可能一个人时，6:00你还蜷缩在被窝里，但当有同组的人喊你一起时，你恨不能赶紧收拾好，免得让大家等的时间太久，然后和大家一起锻炼。时间长了以后，组织在无形当中提升了个人的行动力，离完成计划、实现目标越来越近，避免了一个人时的拖延问题。

同样，当其他人都提交了项目成果，整个团队只有你没有提交时，那你就会拖整个组织的后腿。这个时候你自然不会再去拖延，至少要保证自己处在中游水平，所以慢慢地你就会改掉拖延的习惯。

综上所述，将上述五字诀，结合个人的工作和生活仔细揣摩，你就会让它发挥强大的力量，让你逐渐改掉拖延的恶习。

◪ 本节落地措施

1. 知识点_____

2. 措施（至少三条）

（1）_____

（2）_____

（3）_____

3. 承诺_____

抱好你的西瓜，别管芝麻

▷ 时间管理的本质：四象限时间轴

时间管理的本质，说到底就是两件事：一是排序，二是分配时间。排序是基于紧急性，分配时间是基于重要性。其实就是美国前总统艾森豪威尔提出的四象限法则，即横坐标代表重要性，纵坐标代表紧急性，据此将所有事情分为四个大类：重要且紧急、重要但不紧急、不重要但紧急、不重要且不紧急。

现实中，该如何对待上述四类事情呢？先做哪个？后做哪个？重点做哪个？有人说，当然是要做重要且紧急的事情。的确，这类事情需要紧急处理，但未必需要作为重点去对待。因为**重要且紧急的事情都是由重要但不紧急的事情演变而来的**。例如救火、手术等，救火是因为防火工作没做好，而防火是重要但不紧急的事情；手术是因为养生、保健、锻炼没做好，而养生、保健、锻炼属于重要但不紧急的事情。所以，我们应该重点做的是重要但不紧急的事情，避免其被演化成重要且紧急的事情，总是让我们疲于应付。

所以，我们应立即去做重要且紧急的事情，但是不能超过你工作时间的 15%。否则，你的工作状态就是焦虑、忙乱的。要重点去做重要但不紧急的事情，要占到你工作时间的 65% 以上,做好了能杜绝很多重要且紧急事情的发生。可以委托他人去做那些紧急但不重要的事情,比例不超过20%。在此,我建议不做或者少做不重要且不紧急的事情。总之,控制好这个比例,你的时间管理就会游刃有余。

根据这样的时间分配方式,在面对不同问题时,我们可以先把问题归类,每一类实际上还可以分得更细。如表6-3所示,横向代表重要程度,纵向代表紧急程度,重要和紧急程度各为10分,将要做的事情按照重要程度和紧急程度填在相应的交叉格中,并在交叉格中注明事情的执行时间和所耗时间。在具体操作时,按照从上到下的顺序执行。

表6-3 四类事件分配工具表

紧急程度

10									
9									
8									
7									
6									
5									
4									
3									
2									
1	2	3	4	5	6	7	8	9	10

重要程度

在填写这张工具表时,请不要混淆重要和紧急这两个概念,紧急的事未必重要,**紧急只是代表这件事如果不做就再没机会**

去处理了；重要才代表这件事如果不做会对达成最终目标有影响。认识到这一点，我们就能够从容应对了。**请注意：紧急会引发一种情绪，会让人认为重要。**

我们区分好这两个维度之后，哪些事情应该首先做、哪些事情应该重点做，就比较清晰了。

而事情的重要程度可以参考以下四个标准进行划分：承诺的事项；与团队有关的事项；绩效考核中权重较大的事项；领导亲自强调的事项。由此可以帮你找出工作重点，避免做无用功。

▷ 时间管理的三大技术，让你工作更轻松

关于重要且紧急事情的处理方法，我们通常可以采用以下三种技术，分别是土豆技术、青蛙技术和番茄技术。

第一，土豆技术。

这种技术得名于英文 to do，意思就是列清单。当你准备做一件事时，首先列出一个清单。例如，每天早上列一个清单，每天晚上睡觉之前列一个清单，将两个清单结合一下，看看需要重点做的工作是哪些。前一天晚上列的清单应该是理性的，第二天早上列的清单应该是感性而匆忙的，将二者结合，就是感性加理性的完整结合。

最好将列好的清单放在办公桌最显眼的位置，时刻提醒自己哪些事情不能忘、哪些事情是重点、今天必须完成的事情是什么。所以，清单必须分为两个部分：第一部分是必须做的，第二部分是可以做的（如表6-4所示）。

表 6-4 土豆技术时间管理工具表

今日工作清单			
序号	必做事项	可做事项	完成情况
1			
2			
3			
4			
总结	1. 未完成事项: 2. 明日事项:		

一天的工作结束之后,你可以对自己的工作清单进行评价,作为自我激励或自我反省。所以,熟练运用土豆技术,把所有的工作罗列出来,形成自己的个人工作清单,就可以有重点、有针对性地去做事。

第二,青蛙技术。

"青蛙"就是我们在工作当中遇到的最难的问题。将一天工作中最难解决、重点的工作罗列出来,先把重要且紧急的重点工作做完。每做完一项,相当于吃掉一只青蛙,虽然"吃青蛙"是一件很痛苦的事情。

每天早上你要给自己定一个目标,就是今天你要吃掉几只青蛙。

总之,那些难度很大的工作,不能一直拖着不做,要行动起来,尽快完成,而青蛙技术就是有助于你做这些事的。**你要记得每天标注完成事项。**

第三，番茄技术。

番茄技术是一个意大利人发明的，是一种计时器，因为计时器的意大利语的发音很像英文单词番茄的发音，所以就被命名为"番茄钟"。

番茄钟是时间管理的一个重要工具。每一个番茄钟是30分钟时间，其中前25分钟必须全神贯注地去做事，目的是培养自身的专注力，每做完25分钟就相当于吃掉一个番茄。然后休息5分钟，再进入下一个番茄钟，依然是专注工作25分钟再休息5分钟。

番茄技术的目的，就是培养专注力，防止人们在做事时走神，不要被其他事情干扰，因为任何干扰都会影响时间管理的有效性。

以上三大时间管理技术，可以让我们更好地管理时间，专注地把该做的、该重点去做的工作有效完成，避免在工作中犯"捡了芝麻，丢了西瓜"的错误。所以请你记住，**每天计算今天吃了几个番茄**。时间久了，可以画出吃掉番茄数量的曲线图，从而检视自己的工作，实现改变与优化。

▷ 时间管理，就是抓重点的能力

在一艘远行的船上，船长拿着望远镜向远方眺望。船员跑过来向船长报告说："报告船长，有些乘客反映食物太难吃，一直在抱怨！"船长回答说"知道了"。这位船员继续报告说："有的顾客在甲板上吸烟，违反我们船上的规定！"船长又回答说"知道了"。船员仍然继续报告："有乘客在船舱里吵架，影响了其他乘客休息。"船长回答说："知道了！"仍然用望远镜观察着前方的某个区域。船员很疑惑，不明白为什么他汇报的这些事情,船长都反应淡然。船长应该是看出了什么,说道:"现在最重要的事情不是这些,是如何避开前方的礁石。这是我们全船人将面临的最重要的事情,其他事情都暂且搁置一下。"显然,船长和船员的关注点完全不同,船长从全局出发,抓住了目前的工作重点。

现实中,我们往往想做的事很多,做成的事却极少,就是因为没有抓住重点。不妨从今天开始,抓住重点,提高做事效率。抓重点,需要从日常的工作入手,首先列出每天要做的事情,然后分析哪一些是重点,该增加时间投资;哪一些是非重点,要减少时间投资。下文给出了时间管理的总结工具,能帮助我们确定哪些事情需要增加时间投资,哪些事情应该减少时间投资。

我的时间管理总结

一、我在哪些事情上要增加时间投资?

1. _____
2. _____
3. _____
4. _____
5. _____

二、我在哪些事情上要减少时间投资?

1. _____
2. _____
3. _____

4. _____

5. _____

最后分享一首打油诗。

时间有限事无限,抓住重点是关键。

用错时间很麻烦,<u>重塑重点效率翻</u>。

> **本节落地措施**
>
> 1. 知识点 _____
> 2. 措施(至少三条)
> (1) _____
> (2) _____
> (3) _____
> 3. 承诺 _____

06 别偷时间——你的工作时间属于企业

让你的计划大于变化

▷ "四视"帮你应对 72 般变化

我们经常听到有人说"计划赶不上变化",这句话甚至成为一些人不做计划或完不成任务的借口。究其原因,是人们对变化的应对出现了问题。

有句老话叫"万变不离其宗",这个"宗"是指规律或者人性。任何变化都要遵循某种特殊的轨迹,发现并找到这种轨迹,就能做到有据可依、有法可循,让自己的计划赶上变化,或者让计划和变化能够相互吻合。这给我们提出了一个严峻的考验,就是在制订计划时既要做到有针对性,又要让计划能够适应未来的变化,甚至超越变化的速度。

要做到这一要求,我们要按照以下四个步骤去做。

第一步,延长视线。

所有的优秀企业,都能站在未来的角度看现在的形势,从而获得经营的成功和管理的持续;所有优秀的个人,也都是能站在未来看现在的,他们获得了企业的认可和个人品牌影响力。能做到这一点的,都具有延长视线的能力。

一般来说,变革分为三种:一种是具有前瞻性的主动性变革,一种是适应性变革,一种是被动性变革。其中,主动性变革就是人们常说的"眼光"。眼光好不好,用一个标准就可以评价,就是是否具有站在未来看现在的能力。

能够站在多远看现在,也就决定了你能有多大成就。站在未来看现在,了解变化的趋势,这是一种视角,也是一种思维方式。

人很容易站在过去看现在,这会产生一种思维惯性,这种情况下制订的计划,总是不如变化快。所以,我们要站在未来的角度看现在。如果你不能够满足这种发展需求,那么你制订的计划再完美也失去了意义。

郭德纲和于谦曾经说过一段相声,调侃说以前学手艺学的是BP机维修,技术还没学完,BP机已经被淘汰了。这就是你的计划赶不上发展趋势的变化,当你看不到这种变化趋势的时候,就处于一种被动性变革状态。

要做到主动变革,就需要了解趋势、了解变化。不能只看到自己目前所做的,还要看到未来该做的,看到下一步,乃至下一步的下一步!

其中最核心的部分是当下;下一步是可增长的,就是最有增长可能性的;下一步的下一步是目前虽然看不清,但可以去尝试、去培养的,虽然有失败的可能性和风险,但是也寄托着更多的希望和机会。

每个产品的诞生,基本上是这样一步一步走过来的。最核心的产品是最赚钱的,但是未来有可能会失去竞争力,因为时代在变,当下的产品并非可以一直满足市场和客户的需求,所以要思考:如果最赚钱的业务忽然不赚钱了该怎么办?最挣钱的模式忽然被淘汰了怎么办?你要提前培养一个未来增长潜力最大、最符合潮流和趋势的业务模式。除了产品,团队、客户等都可以用这种思路进行思考。

第二步，扩大视野。

除了具备站在未来看现在的视角，你还需要扩大视野，站在更高处。你站在七楼向外看和站在一楼向外看的感觉是不一样的，站在高处能对整个局面有比较清晰的了解；站在低处则很容易被眼前事物蒙蔽，导致错误的认知和对形势的误判。如果你是一位员工，能否站在班组的角度看问题；如果你是一位班长，能否站在主任的角度看问题；如果你是一位主任，能否站在总监的角度看问题；如果你是一位总监，能否站在总经理的角度看问题。此所谓"上一个层级，又一番天地"。

所以，我们必须要站在更高的视角来看待形势和处理问题，每上一个视野层级，就能更准确、更清晰地看待自身的处境和未来的发展趋势。当扩大视野的时候，你就突破了局限。不同的层级，因为视野不同，对问题的界定自然就不同。低处来看是问题，高一个层级看可能就是机会。

第三步，转换视角。

转换视角，就是我们看事情时要进行多角度思考。想一想：这件事情如果这样做会怎么样？如果那样做又会怎么样？甚至还有没有可能用"再挖一口井"水平思考法来思考问题？转换视角，不仅要看到问题的表面，还要看到问题的本质。《论语》有云"君子务本，本立而道生"，找到事物的根本，不是人云亦云，而是要有自己的判断，有自己的观点和想法。

第四步，抓住视点。

我们做事以哪里作为出发点，重点关注哪个维度（当然这个维度一定是变化的维度），都是有讲究的。哪些事情容易变，哪些事情是不变的；哪些事情不用去管，哪些事情必须紧盯。

想清楚后,自然知道什么是重点。

变化和创新,代表着下一个时间点的增长,代表着下一个时期的成长潜力,所以当下要把组织最关注、最期待的事情抓好、做到位,需要找到突破点,明确主攻方向。

综上所述,我们在制订计划时,一定要考虑到可能发生的各种情况、可能发生的各种意外,尽量做到防患于未然。

▷ 个人战略导航图,让你不再迷路

在变量太多、未来无法预料时,我们可以采用个人战略规划导航工具表(如表 6-5 所示),尽量让计划贴近现实并符合发展规律。目前表中的项目顺序是混乱的,你认为如何排序更科学,也就是先填哪一项再哪一项更符合逻辑呢?

表 6-5 个人战略规划导航工具表

序号	项目	内容
1	核心价值观	
2	未来五年愿景	
3	未来两年目标	
4	当年主题	
5	个人战略发展的根本矛盾	
6	当年行动计划	
7	需要放弃的资源	

我们在制订个人战略、目标、计划时,和制订企业战略、目标、计划的逻辑是一样的,都要坚持由远及近、从虚到实的

原则。很显然，在上述表格中的七个要素当中，离我们最远的是未来五年的愿景。因为它是最远的，所以也是第一个需要去做的。

第二个要找对我们个人发展影响最大的要素。一直阻碍我们成长，一直无法突破，我们要通过克服它来打通未来发展的通道，很显然应该是"个人战略发展的根本矛盾"。

有了根本矛盾，即有了拦路虎，就需要用"打虎棒"把拦路虎打掉。有了根本矛盾，就需要用价值观将矛盾解决——这就是第三个要素。例如，你的个人战略发展的根本矛盾里有懒惰，那你的核心价值观里必须有勤奋；你的根本矛盾里有拖延，那你的核心价值观里必须有守时。

第四个要素是未来两年目标，因为这是一个可预见、实现难度相对较小的短期目标。接下来就是当年的主题和行动计划了。那是主题优先还是行动计划优先呢？显然是先有主题再有行动计划，所以第五要素和第六要素就有了。主题如果是"学习年"，那所有的计划都要围绕学习展开；主题如果是"突破年"，那所有的计划都要以突破来展开；主题如果是"发展年"，所有的计划就要以发展为纲领来展开。

最后一个要素就是需要放弃的资源。为什么是需要放弃的资源，而不是需要支持的资源呢？因为人都是喜欢向外看的，如果是需要支持的资源，在进行总结时，那就会觉得支持我们的资源不够多、不够好、不够快、不及时，很容易向外去找原因；而改成需要放弃的资源，有助于自身向内来寻找个人的问题，实现自我蜕变。

综上所述，个人战略规划导航工具表中七个要素的填写顺序依次是：未来五年愿景、个人发展的根本矛盾、核心价值观、未来两年目标、当年主题、当年行动计划、需要放弃的资源。你做对了吗？

▷ 接受变化才能超越变化

我们按照系统性、全面性和科学性原则来制订计划，就可以满足变化的需求。

我们要清楚，变化是很正常的，如果不变那才是真有问题。所以我要拥抱变化、热爱变化、喜欢变化。

如果你对变化有抗拒，那你在做事情时就会发现越来越难做，因为只要有抗拒，你就不愿意去接受变化后的现状，更不愿意接受当前面对的挑战。

做好以上提到的几点，我们的计划就能够有效地跟上变化的节奏，并且有可能会超过变化的脚步，令你更加从容和淡定地做好自己的工作。

◪ 本节落地措施

1. 知识点_____
2. 措施（至少三条）
（1）_____
（2）_____
（3）_____
3. 承诺_____

07

沟通没你想的
那么简单

07 沟通没你想的那么简单

沟通不仅仅是说话

▷ 沟通就是"分三步把大象关进冰箱"

在职场中，我们所遇到的所有问题都需要通过沟通来解决。有人说人的一生当中，除了呼吸，最重要的就是沟通。管理学大师彼得·德鲁克曾说，管理就是沟通、沟通再沟通。由此可见沟通对于每个人的重要意义。

沟通就是为了设定的目标，把信息、思想和情感在个人和群体间传递，并达成共同协议的过程。沟通可以分为以下三个阶段性流程。

第一步，确定目标。

在沟通之前，你首先要明确自己的目标。带着目的去沟通，是职场沟通与闲聊之间最大的区别。试想一下，一个人和同学、战友、发小聊天的时候比较开心，还是职场当中的沟通比较开心？一定是前者开心。因为前者气氛很好，不带有目的性。后者虽然可能让你感到为难，但能解决问题，因为目的明确。

如何避免让沟通变成闲聊呢？这就要求我们在沟通时围绕目的来展开。最好在沟通开始的时候就表明目的，以保证沟通过程始终围绕主题展开，防止跑题。例如："张经理，今天和你沟通三件事：一是新员工培训的组织问题，二是设备维护保养的问题,三是同事倒班时间重新安排的问题。"

第二步,沟通的内容有三个维度,分别是信息、思想和情感。

信息、思想和情感,在沟通时要区别对待。三者中信息最容易传递,因为信息最客观。最难传递的是思想,因为思想最为主观。思想内容如何有效地呈现给对方,让对方有效接收到,是我们在沟通时出现问题最多的方面,也是需要我们思考和改进的方面。就像我们发出的信号,如果频段不同,对方是根本接收不到的。

如图7-1所示的沟通漏斗模型,形象地说明了在沟通过程中,表达者和倾听者对内容理解程度的差异。

从模型中不难看出,表达者知道的内容是100%,想说

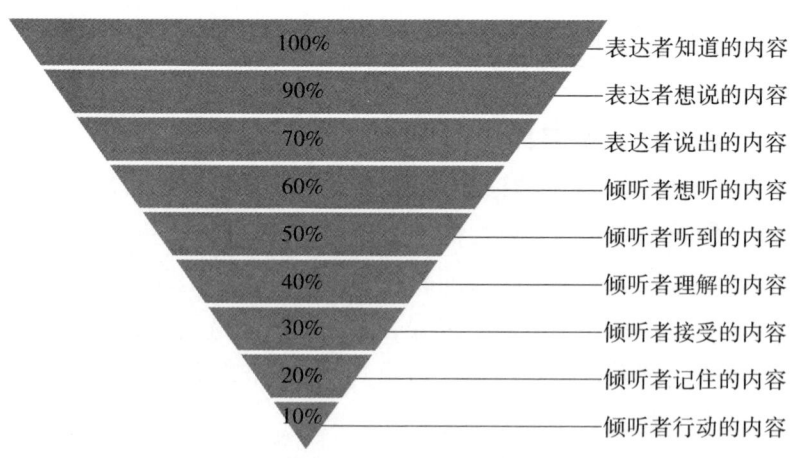

图7-1 沟通漏斗模型

的内容是90%，真正说出来的内容是70%；倾听者想听的内容是60%，听到的内容是50%，理解的内容是40%，接受的内容是30%，记住的内容是20%，倾听者采取行动的只有10%。如何把自己想表达的思想，转化成别人能接受的语言，是沟通中的难点，也是需要我们在沟通中进行换位思考的根本原因。**所以，说了多少不重要，对方吸收多少才重要。**

第三步，达成共识。

很多沟通活动看似走完了流程，但最后双方并没有达成共识，彼此在理解上还存在误区。这种情况的出现，是因为在沟通结束时，缺少一个重要步骤——达成共识。

沟通结束后，应当有一方就事前列出的沟通目标与沟通结果相比对以进行确认。比如可以这样说："张经理，今天和您沟通很愉快。我们一共沟通了三件事情：第一，新员工培训的组织问题；第二，设备维护保养的问题；第三，同事倒班时间重新安排的问题。这三件事情，前两件已经没问题了，明天开始让小王去组织新员工的培训；设备维护保养按照刚刚说的，每周五下午进行两个小时的例行维护；至于同事倒班问题，我们双方先保留各自的观点，等明天下午两点我们再碰头，争取拿出具体可行的方案。"这样进行沟通，就可以避免彼此理解的误区出现。

现在，请你使用表7-1来为自己做一次沟通计划。

表 7-1　沟通计划工具表

本次沟通的目标	对方可能的期望	可能出现的分歧	如何处理
1.	1.	1.	1.
2.	2.	2.	2.
3.	3.	3.	3.
4.	4.	4.	4.

▷ 沟通要立足当下解决问题

沟通可以是一种状态、一个动作、一种结果。沟通只有达成共识，才是成功的。反之就是失败的沟通，不构成"通"这个结果。沟通结束的标志，就是双方达成了共识，对方和你在思想上已经达成一致，而非两条平行线。

前面介绍过，部门之间的合作行为有两种：合作性行为和武断性行为。你必须抱着合作的态度去沟通，才有可能会"通"。如果你说"我就这样""我不想去改变"，那就不用沟通了，因为沟通来、沟通去，你还是你，没有发生改变，也不会有合作。所以，沟通是一个相互协作、相互配合、让组织效率更高的重要渠道。

沟通行为的重要性虽然一再被强调，但在现实中，沟通效率并没有显著提升的情形时有发生。而且沟通的渠道在增多，质量却在下降；沟通的场合在增多，品质却难保障；沟通的手段在增多，结果却不理想。

07 沟通没你想的那么简单

以前如果两个人不在同一地方，需要写信交流，而且由于交通不便，往往很久才能收到对方的信。而现在，智能手机、移动通信的迅速发展，让人们即便相距再远也能通过视频相见，通过电话沟通。但是，形式和渠道的便捷，反而让很多人忽略了沟通，进而呈现出沟通渠道虽然越来越多，但沟通效率却并没有显著提升的情形，这也是影响沟通效果的主要问题。我们可以用沟通频率自检工具表（如表 7-2 所示）来进行自我检验。

表 7-2 沟通频率自检工具表

沟通对象	沟通频率（多久一次）	沟通频率调整	计划沟通时间
1.			
2.			
3.			
4.			

▷ 沟通的"铁三角"：说、听、问

很多人觉得口才好、说得多、语速快、逻辑清晰，这样的沟通才是好的。其实，**沟通一定不是一个人的精彩**，更不是某个人的独舞，而是双人舞，甚至是多人舞；沟通不在于你说了什么，或是说得有多动听，更重要的是倾听者接收到了什么，沟通过后采取了多少行动。

沟通是一个说、听、问的过程，三个动作交互进行，一个都不能少。这三个动作中哪一个最重要？有人说"说"最重

要,因为会沟通的人都是会说的人;有人说"听"最重要,因为会听胜于误听;有人说"问"最重要,因为问能问到事情的本质。我认为,这三个动作都重要,只是扮演的角色不同,在沟通中这三个动作所占的时间和比例也有所区别。

听。

其实,听比说和问都重要。我们在听的过程中,能够了解信息,才会决定怎么说、如何问。听是一个入口,是一个方向,如果听错了,自然会说错,更会问错。

倾听他人讲话时,一定要专注。听的过程当中要眼睛注视对方,专注而不走神。倾听的过程,不是光听对方的说话内容,更重要的是想对方讲话的目的。有些人听到对方在说些什么就满足了,有些人则要听懂对方说话背后的意思,更有些人不仅能够听懂对方语言背后的意思以及目的,同时还能提出自己的见解甚至拿出对应的解决方案。

说。

说就是表达,而好的表达,首要就是说的话简单和通俗,因为这样才能够让对方听懂。所以,语言尽可能要通俗、要简单,不要太专业。

你在表达时,内容足够简单、足够通俗,就易于别人领会和接受,双方也就更容易进行更深一步的沟通,并付诸行动。所以,沟通的重点不在于你说了什么,关键是别人接收到了什么,这才是最根本的。别人不理解你表达的东西,沟通就失去了意义。

一家IT公司的技术总监,被老板派到美国去学习了半年,回来以后十句话里面九句是英语,剩下一句是专业术语,其他人根本听不明白,这就是沟通中的典型误区。沟通不是自说自

07　沟通没你想的那么简单

话,就像发射信号一样,自身信号强,但是对方跟你不同频,收不到,等于没有信号。所以,表达要通俗、清楚、简洁。由此在表达时我们要牢记一个标准,那就是要做到:**唯一理解,无歧义;容易理解,无抽象;方便操作,无障碍。**

问。

无论是在说还是听的过程中,我们都需要不断地去确认对方有没有接收到自己发出的信息,确认彼此间的理解是否一致。这个确认的过程,通常通过提问来进行。

概括来说,提问有两种方式:第一种是封闭式提问,第二种是开放式提问。

封闭式提问,即别人只能回答"是"或者"否"的提问。例如"今天天气好不好?""你吃饭了吗?""你是周五方便还是周六方便?"等只有单一选择的提问。

如果需要别人谈感受或谈主观看法,不是一句话可以回答完的,就属于开放式提问。例如"今天天气怎么样?""最近工作怎么样?""你觉得要提升绩效可采取的方法有哪些?"等。

一般来说,两个人开始沟通时,为了打破僵局,先是以封闭式提问开场;如果想了解更多的信息,或是聊得气氛很愉快,就可以采用开放式的方法,让别人说得更多,这样聊得也能更加深入。如果想控制节奏,封闭式提问是更好的选择。尤其是销售人员,在成交的关键时刻几乎都是封闭式提问,而了解需求的阶段大多是开放式提问。在时间紧迫或是与多人同时沟通的情况下,往往用封闭式提问;而在了解状况和细节时,往往采用开放式提问。

总而言之,封闭式提问是为了高效和促进,开放式提问是为了熟悉和探讨。

除了提问的方式，在提问的过程当中还有三个方向，方便我们对话题进行全面掌握。

第一个方向叫作上推。上推即向上追溯，目的是了解事情的原因。例如"为什么会出现这个情况？""是什么导致了这种现象？""这个结果是由什么引起的？"等。

第二个方向叫作下切。下切即顺着事物的发展分析将会出现的情况，目的通常是了解发展趋势。例如"这个事情如果不处理，会发展成什么样？""如果不培训，未来三年公司可能会怎么样？""如果老客户不断流失，最终业绩会面临哪些挑战？"等。

第三个方向叫作平移。平移的目的是了解并列的、更全面的信息。例如"除了这些还有哪些？""除了影响业绩，还会有什么影响？""除了客户问题，还有哪些问题？""除了新员工的满意度比较高，还有哪些积极意义？"等。

听、说、问，这三个动作组成了沟通的"铁三角"。做好、做足每个动作，都会产生意想不到的效果。很多人觉得沟通就是说话，说话是很简单，但是高水平的沟通，需要我们投入一生去修炼。

07　沟通没你想的那么简单

本节落地措施

1. 知识点_____

2. 措施（至少三条）

（1）_____

（2）_____

（3）_____

3. 承诺_____

感觉和结果你要哪一个

▷ 沟通的冰山模型,让你的沟通不遇"冰山"

很多人在沟通中容易陷入"感觉"的怪圈,忽略沟通的最终目的和结果。我们必须清晰地了解感觉和结果之间的关系。通过感性元素,通过感觉系统,让沟通氛围更好,这是形式,但最终我们需要的是结果、是内容。形式和内容,二者相辅相成,是佐料和主料的关系。

有学者提出能力素质冰山模型,其实任何技能都符合冰山模型。大家都知道,冰山在海平面以上的部分只占到全部冰山的 10%,在海平面以下的部分则占到 90%。应用于沟通(如图 7-2 所示),10% 代表我们的沟通技巧、沟通流程、沟通话术。很多人刻意练习自己的话术,练习自己的语言,练习自己和别人沟通的流程技术,而忽略了沟通海平面以下的 90% 部分,即沟通中的动机、心态和性格——决定了沟通的品质和效果。

▷ 沟通的超级武器

在沟通中,你要想办法用好的心态、动机和意识,做到让别人接受、让别人理解、让别人喜欢。**而穿透"屏障"最有效的工具就是赞美。**

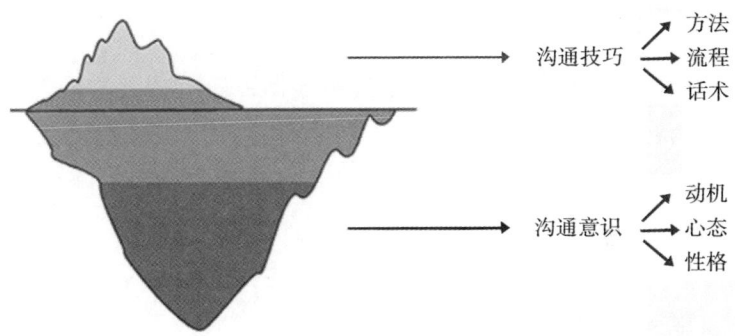

图 7-2 沟通能力素质冰山模型

赞美不同于拍马屁,拍马屁是无中生有,极尽所能地抬高对方;赞美则比较客观,在于发现对方的优点,然后用最合适的语言表达出来。

赞美的高境界是"润物细无声",赞而无痕。无论古今中外,人性是相通的,每个人都喜欢被认可、被尊重、被赞美。

所以,不要吝惜你的赞美,也请多多练习自己的赞美技巧,我们可以使用工具表来制订一个赞美他人的计划(如表7-3 所示)。

表 7-3 我的赞美计划

对象	时机或频率	侧重哪方面
1.	1.	1.
2.	2.	2.
3.	3.	3.
4.	4.	4.

▷ 赞美的三大技巧

很多人会觉得赞美就是说好听的话,但有些人的赞美一听就有拍马屁之嫌,给人的感觉很假甚至很虚伪。这种赞美不但无法博得对方的好感,而且还会起到反作用,引起对方的反感。

要让赞美无痕,需要掌握以下三个主要技巧。

第一,要具体。

赞美一个人,一定要具体,切忌笼统。"你看起来状态不错""你做得很好""你人很好"等,都属于笼统的赞美,对于沟通也起不到太大的作用。如果具体一些,听起来就会悦耳很多,也更容易给对方留下深刻印象。比如赞美一个人好看,你可以赞美对方的"眼睛有神""酒窝很有魅力""发型时尚""上衣款式新潮"等。

总之,找到一个具体的点,用更丰富的语言表达出来,都可以给你的赞美加分。

第二,要及时。

赞美要及时,你不能说"五年前我见你的时候你很帅",对方会觉得你在搞笑。要在某件事情做完的第一时间就给予赞美和认可,让别人觉得有成就感,这样的赞美也会给人留下更深刻的印象。

当别人表现好的时候,或是穿了新衣服、换了新发型的时候,第一时间送出你的赞美,对方会觉得被关注和认可。

第三,要借助第三方进行赞美。

通过转述第三方的话让对方觉得多数人在关注他、认可他。比如"我听小张说你在这方面特别有研究,还得过奖",会让对方觉得这件事知道的人还挺多,会有愉悦的感受。

这种赞美的方式价值很高。因为人们都喜欢被更多的人关注与认可,被认可的时候心情是愉悦的,心门自然就容易打开。所以,借助第三方赞美的方式让对方喜欢,再沟通起来会事半功倍。

▷ 沟通的两种模式,用错有风险

沟通中有两种模式,即语言沟通和非语言沟通。语言又分为口头语言和书面语言两种。请你思考一下,根据自己的沟通经验,你觉得口头沟通与书面沟通有哪些区别并完成表7-4。

表7-4 口头语与书面语沟通的区别

序号	口头语言	书面语言
1		
2		
3		
4		
5		

口头语言比较方便:一来是因为随身"携带道具",想说就能说,不像书面语言要去准备纸笔写或用电子设备去输入;二来口头语言比较感性,表达时可以通过音调、语速等变化加入情感,渲染气氛。

书面语言多是客观描述,需要经过一定的理性思考。书面语言的优势主要有三点：一是便于保存和查询；二是书面语言较为理性，是经过分析和思考而成的；三是书面语言能给人以整体感，思考逻辑过程一目了然，更成系统。

为了便于清晰了解两者的具体区别，我将其汇总如下（如表 7-5 所示）。书面语言和口头语言各有优势，在使用的时候要视情况而定。很多人说重要的事情一定要用书面形式，我觉得未必。如果仓库着火了，哪还等得及书面向上呈报？自然要用口头形式第一时间把信息传递出去。

表 7-5 口头语与书面语言的区别汇总

序号	口头语言	书面语言
1	感性带情感	理性易反思
2	随意好更改	固定不容更改
3	快	慢
4	非正式	正式
5	无证据	有证据

浙江一家企业因为总有员工到办公室找老板诉说自己的生活难处。于是老板就说每年给员工涨四次工资，即便如此，员工还是不满意。后来，老板改变了涨工资的流程，员工想要加薪需要写书面申请，书面申请至少包含四个方面的内容：加入公司多长时间、做过什么特殊贡献、本次加薪的理由是什么、加薪以后要怎么做。改变加薪申请流程以后，很多员工自觉达不到加薪标准，就不再申请加薪了。这就是把口头语言变成书面语言的一种有效利用。书面语言的表达方式可以克

07 沟通没你想的那么简单

制自己的感性,从而让感性服从理性。

沟通的模式除了语言,还包括非语言,比如肢体动作。美国加州大学洛杉矶分校心理学教授艾伯特·麦拉宾提出了著名的 73855 原则。他认为,沟通中对于接受信息的影响程度,内容、语音语调、肢体动作分别占比 7%、38% 和 55%。也就是说,沟通中的信息传递,大部分是靠肢体语言来实现的。所以,在沟通中,我们要最大限度地使用肢体语言,与所讲述的内容相互配合,增强说服力。

> **本节落地措施**
>
> 1. 知识点_____
> 2. 措施(至少三条)
> (1)_____
> (2)_____
> (3)_____
> 3. 承诺_____

请先思考,再开口

▷ 沟通中,三个问题定江山

"**口乃心之门户。**"**语言是思想的呈现**,我们不是为了说话而说话,是一定要在说话的时候表达思想、表达心理、表达思考的成果。所以,请先思考,再开口。

我们在开口前主要应思考以下三个问题。

第一个问题,角色问题。对方是谁、你是谁,这是角色问题。开口前要考虑清楚对方的角色身份、对方的背景,以及你的角色身份和背景,从而清楚地了解双方沟通时应该注意些什么——对上、对下以及对内、对外都有所不同。

第二个问题,内容问题。对方想听什么、你能说什么,都是有讲究的,不能想起什么说什么。对方有购买的需求,你有卖点,最后双方才会有交集,而交集部分才是双方沟通的重点。

第三个问题,方式问题。对方想怎样听你说、你能怎样讲,沟通的方式很重要。你要看两者之间的交集多不多,如果交集比较多,沟通起来就会比较容易和顺畅;如果交集不多,那就需要审慎地进行定位,思考该以何种方式与对方沟通。

07 沟通没你想的那么简单

▷ 沟通别乱说，注意这四类信息

虽然沟通的内容包罗万象，但总体来说，大致可分为以下四大类：

第一类：必须说的。 例如见到客户时打招呼、寒暄、赞美、成交等；见到同事，该告知对方的、对方需要的、对对方有帮助的。这些话都要说，而且还要说别人喜欢听的话。

第二类：可以说的。 例如你觉得对方应该知道的相关信息，或是与沟通内容不直接相关但是快乐的、好玩的信息，抑或是正能量的、积极向上的信息，都可以说。对方会觉得和你沟通不仅有价值，而且还有趣味。

第三类：可以不说的。 例如对方已经知道的，或是过分的寒暄、多余的赞美，或与话题无关的内容及观点，都可以不说。

第四类：坚决不能说的。 负面、消极、敏感的内容，还有交往中的沟通禁忌都不可以说。例如个人收入、婚否、年龄、健康状况、过往经历的"五不问"。

小测试：

假设明天上午你要和同事张三沟通晚会策划的问题，这是你的主要工作，对张三来说属于个人爱好。这种情况下你该如何赢得他的帮助并最终达成共识？

（1）该说的：＿＿＿＿＿＿＿＿＿＿＿＿＿＿＿＿＿＿

（2）可以说的：＿＿＿＿＿＿＿＿＿＿＿＿＿＿＿＿＿

（3）可以不说的：_____

（4）坚决不能说的：_____

总之，沟通不一定话多，但关键的内容必须要有。

▷ 沟通的四个层级，让你的沟通技能登峰造极

话不是说完就万事大吉了，我们不仅要把话说完，还要把话说清楚，重要的是要让别人听懂，同时能让别人记住，最好是让别人能做到并付诸行动。其实，这就是沟通的四个层级，即说清楚、能听懂、记得住、做得到。

第一个层级：说清楚。

怎样说话才算说清楚了呢？

首先，发音要清楚，最好避开方言，用普通话。让别人能听懂你的每一个字、每一句话，是最主要的。

其次，讲话要有条理，可以分条说。比如，如果要说清楚某件事情，必须要分列一、二、三条，一、二、三条分别是什么，这就是条理性。

那么有人会说，我接下来要讲十八点，行不行？讲十八点可以，但是对方肯定记不住，因为人的记忆是有极限的，所以分论点的数量要有一个区域范围。一般来说，尽量控制在五个之内，如果超了，就需要进一步整合。

第二个层级：能听懂。

让别人听懂，最重要的是要讲逻辑，也就是内容与内容之

间的关系要理清楚。比如，今天我和你沟通的事，一共有四个主题，分别是产品、价格、渠道、服务，这四个主题之间是并列关系，我们称之为要素式关系；还有流程式关系，是分步骤进行的，比如要把大象关进冰箱，总共分三步；还有空间式关系，比如从北京到深圳有多少个火车站的站点，依次从北向南说出来；还有时间式关系，如春夏秋冬等；还有矩阵式关系，就是按照两个维度，把事物分为四个部分。

我们无论采用哪种逻辑分类，重要的是足够清晰，才能让别人听明白。

第三个层级：记得住。

想要让对方记得住，就必须要有自己的口诀和概念。口诀就是将你所讲的内容变成通俗、简单、易记的语言，比如乘法口诀；出门时注意四个字："身、手、钥、钱"——指身份证、手机、钥匙和钱包；乘坐地铁要"莫、敢、不、从"，就是莫挡道、敢让座、不拥挤、从速走。

这样的表达，别人很容易就记住了。

第四个层级：做得到。

沟通的根本目的，是让对方采取行动。沟通双方不仅要达成共识，还要了解对方是否真的发自内心地接受了自己的观点。确认清楚以后，再了解对方接下来将如何行动，以确保彼此的行动可以达成共识。

当然，为了激励对方，可以在感性方面下功夫。另外，好的修辞手法可以帮助你很好地完成"做得到"这一行为。例如，马丁·路德·金的著名演讲《我有一个梦想》，每一段文字的开头都是"我有一个梦想"，这种排比修辞会给人气势恢宏、酣畅淋漓的感觉，能够有效激发大家的情绪，极具感染力。除了排比，拟人、夸张、比喻等也是常用的修辞手法，在沟通中善加使用，能让人更容易接受你的观点并采取行动。

▷ 换种风格，不同结果

无论是工作还是生活当中，有些人的沟通风格总是会引起你的反感：说的话不管是内容还是思路都没问题，但语气和姿态总是一副傲慢自大的样子，或是满不在乎的神情；说话不分场合，从不顾及别人的感受，还以一副老大的姿态自居；等等。

生活中，我们的沟通可能比较随意，但在工作场合沟通，一定要有职业化的状态。有句话叫"到什么山上唱什么歌，见什么人说什么话"。工作中更多的是差异化而非同质化，我们需要在不同的情境下，使用不同的语气和姿态来表达不同的情绪和思想，这也是高情商的表现。姿态标准了、到位了，同样的内容，你用不同的说法，自然会有不同的效果。

例如，从前有一个吝啬鬼，只喜欢听类似"别人给"的话，不喜欢听别人"跟他要"。有一次他不小心落水，热心的邻居想救他，就对他喊："把你的手给我！"吝啬鬼听到这句话，觉得要给别人东西，所以就是不伸手。幸运的是，热心的邻居知道他的性格，马上改口说："把我的手给你。"吝啬鬼一听，立刻把手伸出来抓住热心邻居的手，于是他获救了。

有时候，不经意间的小习惯可能让我们遭受重大损失，例如因为自己的语气、姿态问题造成的损失以及错失的机会，自己根本意识不到，这是最可怕的。通常的错误，我们可以通过自省别人指点而知道错在哪里，但语气、姿态的问题，很少能意识到，所以我们还以为错在了其他地方，继而让我们努力的

07 沟通没你想的那么简单

方向出现偏差。

沟通当中,直线未必是最近的距离,绕个弯可能更快。所以,注意我们的情绪,注意语气,注意我们的姿态,在这些方面下足功夫,相信沟通质量就能更上一层楼。

沟通看似在说,实际在思。思考比开口更重要,所以请思考后再开口。

▶ 本节落地措施

1. 知识点_____
2. 措施(至少三条)
(1)_____
(2)_____
(3)_____
3. 承诺_____

跟谁说很重要

▷ 沟通中的"三给一不给"

在沟通时需要面对不同的对象，需要我们采取不同的沟通方式。但是，无论沟通对象是谁，我们都需要坚守一个原则，概括来说就是"三给一不给"。

第一，给面子。无论沟通对象是谁，我们都需要给对方面子。因为人是有感情的动物，都有尊严，都渴望被认可，所以我们要让对方觉得自己是有面子的。

第二，给尊重。我们在沟通过程中最好使用一些礼节，让对方感受到自己是被尊重的。这样的沟通氛围会比较好，也会比较容易沟通。

第三，给赞美。任何人都喜欢被赞美，这是天性使然。对方之所以不喜欢你的赞美，只是因为你的赞美没有达到"润物细无声"的境界，你的赞美没有直抵对方内心最想要被认可的地方。

第四，不给威胁。千万不要去威胁沟通对象，迫使对方做出一些不情愿的决定。人在面对威胁时大多会有两种表现，一种是接受威胁，但是内心极不情愿，之后可能会伺机报复；另一种是完全不接受威胁，沟通也就无法达成共识。无论是哪种

07 沟通没你想的那么简单

情况,对于彼此间的沟通都十分不利。请记住,人在被威胁的时候,就是彼此关系破裂的开始。

▷ 讲究沟通技巧,为你的卓越铺路

朱元璋当了皇帝以后,很多同乡故旧都前去投奔,他也念及旧情,好好招待,还给了这些人一定的职位。有一天又来了两个发小,朱元璋放下一切招待二人。二人看朱元璋的热情也特别开心,在大殿上就开始叙旧。其中有一位不顾已是皇帝的朱元璋的面子,什么都说。另一位则用了些技巧,既表现出对朱元璋的敬畏,又一起回忆了陈年往事,无形中拉近了彼此之间的距离。结果,口无遮拦的那个人下了大殿就被抓走杀头了,而另一个人则得到了官职。

上述案例说明了一个简单的道理,任何人都是要面子的,特别是那些有钱有势有地位的人。所以,向上沟通的时候,你需要了解领导的心理,了解他是怎么想的、他想要什么结果。生活当中你们可能是朋友,但在工作中因为职级不同,就需要注意自己的语气。首先要特别注意给领导面子;第二要提出建议;第三要给出解决方法,不能给领导出"问答题";第四要预留充足的时间来落实解决方案。

上述这些如果你都做到了,领导肯定会觉得你是一个有想法、有能力又会办事的人。如此一来,你就很容易被领导认可,从而获得更多的机会。

▷ 沟通三段论:问—馈—总

我们与人沟通时,要注意在不同的场合区别对待不同的人。

对外沟通时，你代表的不是一个人，而是企业和品牌，要体现出企业和品牌形象；对内沟通则要表现出亲和力，表现出你的关心和关注。

与平行部门沟通时，例如和下一道工序相关部门去沟通，以及和上一道工序相关部门沟通的方式也是不一样的。下一道工序是你需要服务的客户，你要让对方提要求，然后告诉对方你能提供哪些资源和帮助。当然，你也是上一道工序的客户，也可以为上一道工序提出改进意见、做出评价。总之，对象不同，方向不同，沟通自然不同。

前文提及的领导让秘书订"最好的酒店、最好的房间"的例子中，领导的要求都是要订"最好的酒店、最好的房间"，但因为情境不同，就需要用秘书采用不同的沟通方式以确认。所以，事前先问清楚结果很重要，可保证上下统一；事中要做阶段性的结果反馈，做到什么程度要向领导汇报；事后要总结，吸取经验教训。

这就是沟通的三段论：**事前多问，问清楚；事中反馈，馈节点；事后总结，结流程。**总结之后还可以再请示领导，以便做出下一步的工作安排。

07 沟通没你想的那么简单

◪ 本节落地措施

1. 知识点 _____

2. 措施（至少三条）
（1）_____
（2）_____
（3）_____

3. 承诺 _____

主动沟通是你成长的阶梯

▷ **主动不是能力，是一种心态**

在工作当中，很多人不愿意主动沟通，怯于表达或是觉得丢面子，其实这是多虑的表现。主动沟通是一种能力，长期积累和训练后才能更加优秀和卓越，所以主动沟通是每个人在职场当中必须去做的事。

主动沟通在工作中非常重要。有智慧的人，总是选择不失时机地去和他人主动沟通，为自己以后的人际协作打下基础。主动沟通是一种心态，只要你愿意，一定可以做到。两个人有矛盾，主动沟通的人往往会受到更多的尊重，得到更多实惠，也被认为具有更大的格局和勇气。

优秀的人都具备一种主动性特质。世界零售巨头沃尔玛有社区店、超市和会员店三种门店，而其创始人山姆·沃尔顿提出了"三米微笑"的理念。三米微笑，就是当顾客在距离工作人员三米的位置时候，工作人员就要主动地露出八颗牙齿微笑。每一个沃尔玛员工都会在胸前佩戴一个有黄色笑脸的徽章，这个就是三米微笑的标志。也是因为"三米微笑"理念，沃尔玛的企业文化、企业氛围、服务及品牌价值都得以提升。

三米微笑源自山姆·沃尔顿的性格特点及价值观。山姆·沃尔顿喜欢微笑，见了谁都会主动露出笑容，而且笑得很真诚。

他在上大学时，学生会选主席，学生们彼此都不熟悉，但大家发现这个小伙子很爱笑，而且笑得特别有感染力，所以很多人投了他一票，于是山姆·沃尔顿就成了学生会主席。这样的经历对他之后创业很有帮助。

上学时，山姆·沃尔顿到一个老板家里打暑期工，负责刷漆。他做得非常认真，眼看就要完工，结果在梯子上滑了一下，蹭掉了门后墙上的一块漆。他连忙用刷子补漆，补完以后发现这个地方漆的颜色比其他地方明显深了，就把整面墙又刷了一遍。等刷完墙他想走的时候，发现这面又刷了一遍的墙和其他三面墙的颜色产生了色差。于是，他把其他三面墙又刷了一遍。最后，他竟然把所有的房间都重新刷了一遍！老板回来后，刚开始很生气，认为他工作不认真，了解了事情的原委后，觉得这个小伙子很了不起，做事很认真，也有主动性，于是让他每周六到自己家里来，指点他如何创业，传授他商业智慧。于是，山姆·沃尔顿每周六都去这个老板家。一来二去，老板的女儿和山姆·沃尔顿恋爱了。于是山姆·沃尔顿得到老板的资助，有了第一桶金，开了家杂货铺。杂货铺成为他创业的基础。之后，他又和微软、宝洁等企业主动沟通，寻找最佳模式和最好的方法，让成本降得更低，让供应商也得到便利和实惠。

▷ 主动、认真，成就你的未来

由于工作原因，我经常到各大企业去做调研，在调研时提出很多问题让对方回答，往往很多人不愿意回答，或者含糊其词。但是等到调研完了以后，就会有人找我说："齐老师，你有没有发现我们的战略有问题，流程有问题，沟通有问题……"你会发现，你调研的结果和他说的还真差不多。之所以会出现这种情况，是因为有些人有想法但不愿说出来，不愿和别人沟通，影响了信息的交流，从而造成重复的、多方面的浪费。

还有一些企业的员工，你问什么对方就回答什么，不问的就不说，从不会主动谈及其他问题。

第三种情况是对方主动反馈问题，主动说出企业目前存在的问题以及产生的原因。

综上所述，沟通有三种情形：第一种，问了也不说；第二种，问了就说；第三种，没问就先说。第三种才叫主动沟通，才是我们所呼吁和提倡的。

在山东有一家企业，有三个营销团队，张经理负责A团队，李经理负责B团队，孙经理负责C团队。张经理几乎从来不和任何人沟通，领导问他也基本不回答，所以在领导心目中的印象不佳，不到半年就被解除合同。李经理就不一样了，领导问什么他就说什么，领导安排什么他就做什么，所以在领导心目中李经理算是一个比较合格的职业人。孙经理则会主动沟通，主动说出自己的想法，主动反映团队的情况，主动把促销方案与领导进行有效的反馈。孙经理的部门内部也经常分享领导的期望和想法，形成了一种主动沟通的氛围，下属也会及时向孙经理反馈，及时与其他同事进行交流和分享。在孙经理的带领下，团队发展蒸蒸日上，不到半年孙经理被提升为营销总监。

在主动沟通的环境当中，因为信息交流很充分，就会减少信息不对称的情况，让信息能够同时共享，提升组织的做事效率。这就是主动沟通的最大价值。

07 沟通没你想的那么简单

春秋战国时期,墨子有一个门生叫耕柱。墨子经常批评他,于是,耕柱心生不满和怨恨。后来他主动多次找墨子沟通,于是二人消除隔阂,耕柱一心一意努力用功读书。

屠格涅夫和托尔斯泰经常因为想法不同而产生矛盾,甚至产生了隔阂。托尔斯泰想消除这种隔阂,就主动写了封书信,屠格涅夫收到后,非常感动,两个人冰释前嫌,又成了非常要好的朋友。

上述两个案例说明了主动沟通带来的良好关系和美好未来。

职场中,很多人觉得主动沟通就会低人一等,没有面子,于是采取"他不理我,我也不理他"的方式,本来可以靠沟通解决的事却闭口不谈。不仅人际关系不理想,还会影响工作效率。试想一下,如果大家都不主动怎么可能形成沟通场景?主动沟通这把钥匙可以带你到另外一个天地,是探寻积极生活、积极工作的引擎。主动沟通代表的是一种良好职业态度,一种做事认真的职业精神,一种积极热情的工作理念。在工作中,主动沟通非常重要。

例如,新劳动法颁布后,经常出差的业务人员可以买几本新劳动法的书送给人力资源部的同事,找他们沟通一下工作协作问题;新税法颁布的时候,买几本相关的书送给财务部,找他们沟通一下目前的财务困境;仓储部主动找销售部沟通库存情况,方便销售部开展工作;财务部主动找销售部沟通,了解客户回款情况和打款情况。

我们不妨从此刻开始,做一个计划:第一,每天主动和三个同事打招呼;第二,每天主动和一位陌生人打招呼;第三,每天回家主动和家人打招呼。当然,如果你有更好的计划,也不必拘泥于此。总之,我们要制订主动沟通计划,养成主动沟通的习惯和品质。为了达到这一目的，你可制订如表7-6所示的主动沟通计划表。

表 7-6　主动沟通计划表

主动沟通对象	主动沟通时机	主动沟通内容
1.	1.	1.
2.	2.	2.
3.	3.	3.
4.	4.	4.

综上所述，主动性可以说是成功的台阶，每踏上一级台阶，就能看到不一样的风景。

◣ 本节落地措施

1. 知识点＿＿＿＿＿＿＿＿＿＿＿＿＿＿＿＿＿＿＿＿
2. 措施（至少三条）
（1）＿＿＿＿＿＿＿＿＿＿＿＿＿＿＿＿＿＿＿＿＿
（2）＿＿＿＿＿＿＿＿＿＿＿＿＿＿＿＿＿＿＿＿＿
（3）＿＿＿＿＿＿＿＿＿＿＿＿＿＿＿＿＿＿＿＿＿
3. 承诺＿＿＿＿＿＿＿＿＿＿＿＿＿＿＿＿＿＿＿＿＿

附录

齐老师精典语录

1. 问题就像雪球，越推越大。
2. 问题终止于自己。
3. 这是我的问题，等于这是我在成长。
4. 原则就是高压线，一碰就完蛋。
5. 过程很重要，结果最值钱。
6. 结果面前人人平等，借口面前人人有罪。
7. 凡事我是代价承担者之一，就要对此事负百分之百的责任。
8. 向内看，动力无限；向外看，抱怨无穷。
9. 职场最大的错觉就是看上去很努力。
10. 多照镜子看自己，少做法官判别人。
11. 没有人愿意负责到底，除非结果和他有关。
12. 时间管理不是管时间，而是对事件进行管控。
13. 沟通是两个词，"沟"是动作，"通"是结果。
14. 没有剩余价值，就是没有价值。工资高，是因为有更多的剩余价值。

15．自律就是用要求别人的标准要求自己。

16．敬业除了做够时间，还要尽全力。

17．人与人最大的差距就在于时间管理。

18．自我管理得好，就会有自由；自我管理得不好，就会有规则约束。

19．把握重点的能力是人一生中最重要的能力。

20．认真去做是实现目标最简单的方法。